Renate Luscher

Deutsch ganz leicht A1

Selbstlernkurs Deutsch für Anfänger

Textbuch

Hueber Verlag

Quellenverzeichnis

Cover: © Getty Images/iStock/RossHelen
S. 5/6: alle Fotos © Hueber Verlag, München/Heribert Mühldorfer
S. 9: München © MEV/Baeuerle Waltraud; Salzburg © MEV/Merten Hans-Peter; Bern © Thinkstock/iStock/pulpitis; Zürich © iStock/97; Wien © MEV; Berlin © MEV/Eisele Reinhard; unten © Hueber Verlag, München/Heribert Mühldorfer
S. 10: © Hueber Verlag, München/Heribert Mühldorfer
S. 13: © Thinkstock/iStock
S. 16: © Salsabila Ariadina – stock.adobe.com
S. 17/18/21: © Hueber Verlag, München/Heribert Mühldorfer
S. 24: © Digital Wisdom
S. 25: 1 © MEV; 2 © Thinkstock/iStock/Wavebreakmedia; 3 © Thinkstock/Stockbyte/Comstock; 4/5/7/Claudia/Robert © Hueber Verlag, München/Heribert Mühldorfer; 6 © Hueber Verlag, München
S. 26: © Hueber Verlag, München/Heribert Mühldorfer
S. 28: Neuschwanstein © MEV/Durz Hubert
S. 29: © Hueber Verlag, München/Heribert Mühldorfer
S. 32: unten links © fotolia/Designer_Andrea; oben rechts © Pantermedia/Danny Smyth; alle anderen © Marion Kerner, München
S. 33/37: © Hueber Verlag, München/Heribert Mühldorfer
S. 40: alle Symbole © fotolia/dehweh
S. 41/42: © Hueber Verlag, München/Heribert Mühldorfer
S. 43: Wien © MEV/Pawlitzki Micha; Frankfurt © iStock/vincevoigt; Rom © fotolia/Walter Luger; Paris © MEV/Herzig Horst; Athen © Birgit Tomaszewski, Ismaning; Sydney © Thinkstock/Stockbyte/John Foxx; Rio © Thinkstock/iStock
S. 45/49 (unten): © Hueber Verlag, München/Heribert Mühldorfer
S. 49: 1 © Getty Images/Photodisc/Keith Brofsky; 2 © Hueber Verlag, München/Dieter Reichler; 3/4 © Hueber Verlag, München/Gerd Pfeiffer; 5/6 © Hueber Verlag, München/Jens Funke; 7 © Thinkstock/Wavebreakmedia Ltd; 8 © Thinkstock/iStock/Andrey Popov
S. 52/53 (unten): © Hueber Verlag, München/Heribert Mühldorfer
S. 53 (oben)/55: © Marion Kerner, München
S. 57/59: © Hueber Verlag, München/Heribert Mühldorfer
S. 64: © dpa Picture-Alliance/Globus Infografik

4. 3. 2. | Die letzten Ziffern
2027 26 25 24 23 | bezeichnen Zahl und Jahr des Druckes.
Alle Drucke dieser Auflage können, da unverändert,
nebeneinander benutzt werden.
2. Auflage 2022

Umschlaggestaltung: Sieveking · Agentur für Kommunikation, München
Satz, Layout und Grafik: Martin Lange, Karlsfeld
Illustrationen: Marlene Pohle, Stuttgart
Verlagsredaktion: Marion Kerner, Hans Hillreiner, Hueber Verlag, München
Druck und Bindung: Friedrich Pustet GmbH & Co. KG, Regensburg
Printed in Germany
ISBN 978-3-19-507480-3 (Paket Englisch – Print-Ausgabe)
ISBN 978-3-19-557481-5 (Paket Türkisch – Print-Ausgabe)
ISBN 978-3-19-507482-7 (Paket Spanisch – Print-Ausgabe)
ISBN 978-3-19-557483-9 (Paket Russisch – Print-Ausgabe)

Art. 530_02743_002_02

Inhalt

Vorwort

Liebe Deutsch-Lernende,

Sie haben einen Deutsch-Selbstlernkurs erworben und möchten die Sprache lernen, die Muttersprache für 100 Millionen Menschen ist. Damit Sie schnell und fundiert vorankommen, werde ich Ihnen den Kurs kurz vorstellen. In dem Package finden Sie:

1. ein Zweisprachiges Arbeitsbuch,
2. ein Textbuch und
3. ein MP3-Download unter www.hueber.de/audioservice.

Das *Arbeitsbuch* ist Ihr Leitfaden, der Sie Schritt für Schritt sicher durch den Kurs führt. Wichtig: Bevor Sie weitermachen, lesen Sie immer zuerst die *Anweisung* im Arbeitsbuch. Wir geben Ihnen Lektion 1 als Muster:

T A — S. 5/6 + S. 5-7

Dialog mit Übungen:
Arbeiten Sie mit dem Textbuch und dem Arbeitsbuch parallel. Im Arbeitsbuch finden Sie die Piktogramme der Höraufnahmen (mit Tracknummer) und die Übersetzung der Übungsanweisungen.

A — S. 7-8

Grammatik – Neue Wörter – Übungen:
Arbeiten Sie entsprechend der Nummerierung weiter im Arbeitsbuch. Es vermittelt Ihnen ausführlich die Grammatik, die im Textbuch nur als kurze Notizen dargestellt ist.

A — S. 9

Aussprache:
Weiter im Arbeitsbuch finden Sie Übungen zur Aussprache.

T A — S. 8 + S. 9

Kulturelle Info:
Zum Abschluss machen Sie eine auflockernde Übung, lösen ein Rätsel oder machen ein Spiel – jeweils im Textbuch auf der letzten Seite einer Lektion. Übersetzungen und Erklärungen dazu finden Sie im Arbeitsbuch.

A — S. 10

Test:
Der Test am Ende jeder Lektion sagt Ihnen, ob Sie wiederholen und weitermachen können.

Im Anhang finden Sie sämtliche *Lösungen* und das komplette *Glossar*. Sollten Sie ein Wort nicht verstehen oder vergessen haben, schauen Sie bitte im Glossar nach. So lernen Sie am schnellsten. Am Ende werden Sie ca. 900 Wörter kennen. Sie werden so viel gelernt haben, dass Sie sich gut im Alltag verständigen, telefonieren und einfache Briefe schreiben können.

Nun also viel Spaß! Und noch ein kleiner Tipp: Hören Sie nicht auf diejenigen, die behaupten, Deutsch sei eine schwere Sprache. Wir überzeugen Sie vom Gegenteil!

Ihre
Renate Luscher

Guten Tag oder Hallo!

1 Ordnen Sie zu.

a. ◯ Guten Tag!
b. ◯ Guten Morgen!
c. ◯ Guten Abend!
d. ◯ Auf Wiedersehen!
e. ◯ Tschüs!

2 Das sind Jürgen Heinrich, Chris Bruckner, Robert und Claudia

Jürgen Heinrich

Chris Bruckner

Robert Klein

Claudia Bergmann

1A
Guten Tag. Sind Sie Herr Heinrich?
Ja, das bin ich.
Mein Name ist Bruckner, Chris Bruckner.
Guten Tag, Frau Bruckner. Herzlich willkommen.

1B
Hallo, Rob.
Hallo, Claudia.
Wie geht's dir?
Danke, gut.

Übungen – und ein bisschen Grammatik

3 Hören Sie. Wie ist die Reihenfolge?

___ Mein Name ist Bruckner, Chris Bruckner.
___ Guten Tag, Frau Bruckner. Herzlich willkommen.
___ Ja, das bin ich.
_1_ Guten Tag, sind Sie Herr Heinrich?

___ Wie geht's dir?
___ Hallo, Claudia.
___ Danke, gut.
___ Hallo, Rob.

4 Was passt zusammen?

Hallo, Rob.	Danke, gut. Und Ihnen?
Wie geht es Ihnen?	Hallo, Claudia.
Guten Tag, ich bin Chris Bruckner.	Gut, danke.
Wie geht's dir?	Guten Tag, Frau Bruckner. Herzlich willkommen.
Sind Sie Herr Heinrich?	Ja, das bin ich.

5 Ergänzen Sie.

Sie

Guten Tag. Sind ______ Herr Heinrich?
Ja, das bin ich.
Mein Name ist Bruckner. Chris Bruckner.
______ ______, ______ Bruckner, herzlich willkommen.

du

__________, Rob.
__________, Claudia.
Wie geht's?
Danke, gut.

6 Ergänzen Sie.

Sie

______ Sie Herr Fischer?
Ja, das ______ ich.

Mein Name ______ Graf.
Guten Tag, Frau Graf.

du

______ du Eva?
Ja, ich ______ Eva.

Ich ______ Markus. Und du?
Tag, Markus. Ich ______ Eva.

sein
ich bin ...
Mein Name **ist** ...
Sind Sie ...?

7 Was passt? Hören Sie und markieren Sie.

1. Guten Tag.
- ☐ Danke, gut.
- ☐ Guten Tag.

2. Wie geht's?
- ☐ Danke, gut.
- ☐ Ich bin Julia.

3. Hallo.
- ☐ Mein Name ist Schulte.
- ☐ Hallo.

4. Hallo, ich bin Micha. Und du?
- ☐ Ich bin Felix.
- ☐ Hallo, hallo.

8 Was passt? Schreiben Sie.

1.
- ● Guten Tag, Frau Bruckner.
- ► ______________________
- ● Herzlich willkommen.

a. Guten Tag.
b. Tag, Robert.
c. Danke.

2.
- ● Sind Sie Herr Heinrich?
- ► ______________________
- ● Guten Tag, ich bin Chris Bruckner.

a. Hallo, Chris.
b. Tag, Chris.
c. Ja, das bin ich.

3.
- ● Hallo, Robert.
- ► Hallo, Claudia.
- ● ______________________

a. Wie geht's?
b. Wie geht es Ihnen?
c. Danke, gut.

Guten Tag, Servus, Grüezi

Hören Sie.

Norddeutschland = 1
Bayern = 2
Österreich = 3
Schweiz = 4

Schreiben Sie. 1, 2, 3 oder 4?

___ Guten Tag.
___ Grüß Gott.
___ Grüezi.
___ Hallo.
_2_ Griaß di.

___ Servus.
___ Auf Wiedersehen.
___ Uf Widerluege.
___ Baba.

___ Tschüs.
___ Salut.
___ Auf Wiederschaun.
___ Pfiat di.

Hören Sie und vergleichen Sie.

Woher kommen Sie?

1 *Wo ist ...?* Suchen Sie die Städte. (Seite 8)

Berlin

München

Wien

Zürich

Salzburg

Bern

Sagen Sie: *Da ist ...*

2 Herr Heinrich und Frau Bruckner im Auto

Frau Bruckner: Sind Sie aus Berlin, Herr Heinrich?

Herr Heinrich: Ja, klar. Und Sie, woher kommen Sie?

Frau Bruckner: Aus Österreich, ich bin aus Wien. Aber ich lebe in München. Schon lange.

Herr Heinrich: Sind Sie gern in München?

Frau Bruckner: Ja, sehr gern. Ich wohne schon fünf Jahre dort.

Herr Heinrich: Kennen Sie Berlin?

Frau Bruckner: Ja, aber nicht gut.

Übungen – und ein bisschen Grammatik

3 Markieren Sie die passenden Verben.

Ich **komme** aus Wien
Ich **wohne** / **lebe** in München
Ich **bin** in Berlin.
Ich **kenne** Berlin nicht gut.

1. __________ Sie aus Berlin?
☐ Wohnen ☐ Sind ☐ Leben

2. Woher __________ Sie?
☐ kommen ☐ wohnen ☐ leben

3. Ich __________ aus Wien.
☐ bin ☐ wohne ☐ lebe

4. Aber ich __________ in München.
☐ komme ☐ lebe ☐ kenne

5. __________ Sie gern in München?
☐ Kennen ☐ Sind ☐ Kommen

6. Ja, ich __________ schon fünf Jahre dort.
☐ komme ☐ wohne ☐ kenne

4 Was passt?

Herr Heinrich ist ______________________________.
Er lebt ______________________________.
Frau Bruckner kommt ______________________________.
Sie wohnt aber ______________________________.
Sie lebt schon ______________________________.
Sie kennt ______________________________.

in München | aus Berlin | in Berlin | fünf Jahre dort | Berlin nicht gut | aus Österreich

5 Fragen Sie Chris Bruckner. Markieren Sie die richtige Antwort.

Woher **kommen** Sie?
Kommen Sie aus ...?

1. Sind Sie aus Berlin?
☐ Ja, klar.
☐ Nein, ich bin aus Wien.

2. Wohnen Sie in München?
☐ Nein, in Berlin.
☐ Ja, schon lange.

3. Kennen Sie Berlin?
☐ Nein.
☐ Ja, aber nicht gut.

6 Antworten Sie. Was ist richtig?

1. Sind Sie aus Köln?
- ☐ Ja, ich bin aus München.
- ☐ Nein, aus München.
- ☐ Ich wohne in München.

2. Kennen Sie Berlin?
- ☐ Ja, gern.
- ☐ Nein, ich kenne Berlin.
- ☐ Ja, klar.

3. Sind Sie Herr Schuler?
- ☐ Nein, ich bin Herr Schuler.
- ☐ Ja, das bin ich.
- ☐ Ja, ich bin Herr Müller.

7 Wir fragen – Sie antworten

Hallo, …

wie geht's dir? / wie geht's Ihnen?	Danke, gut. Danke, sehr gut. Danke, es geht. Ach, nicht so gut.
geht's dir gut? / geht's Ihnen gut?	Ja, super. Na ja, es geht. Ach, nicht so gut.

8 Schreiben Sie.

Herr Heinrich ______________________ (leben) in Berlin.

Frau Bruckner ______________________ (wohnen) in München.

Wo ______________________ (wohnen) Sie?

Frau Bruckner ______________________ (kommen) aus Wien.

Woher ______________________ (kommen) Sie?

Frau Bruckner ______________________ (kennen) Berlin nicht gut.

______________________ (kennen) Sie Berlin?

Städte-Quiz

Wie heißt die Stadt?
Schreiben Sie die Städtenamen.

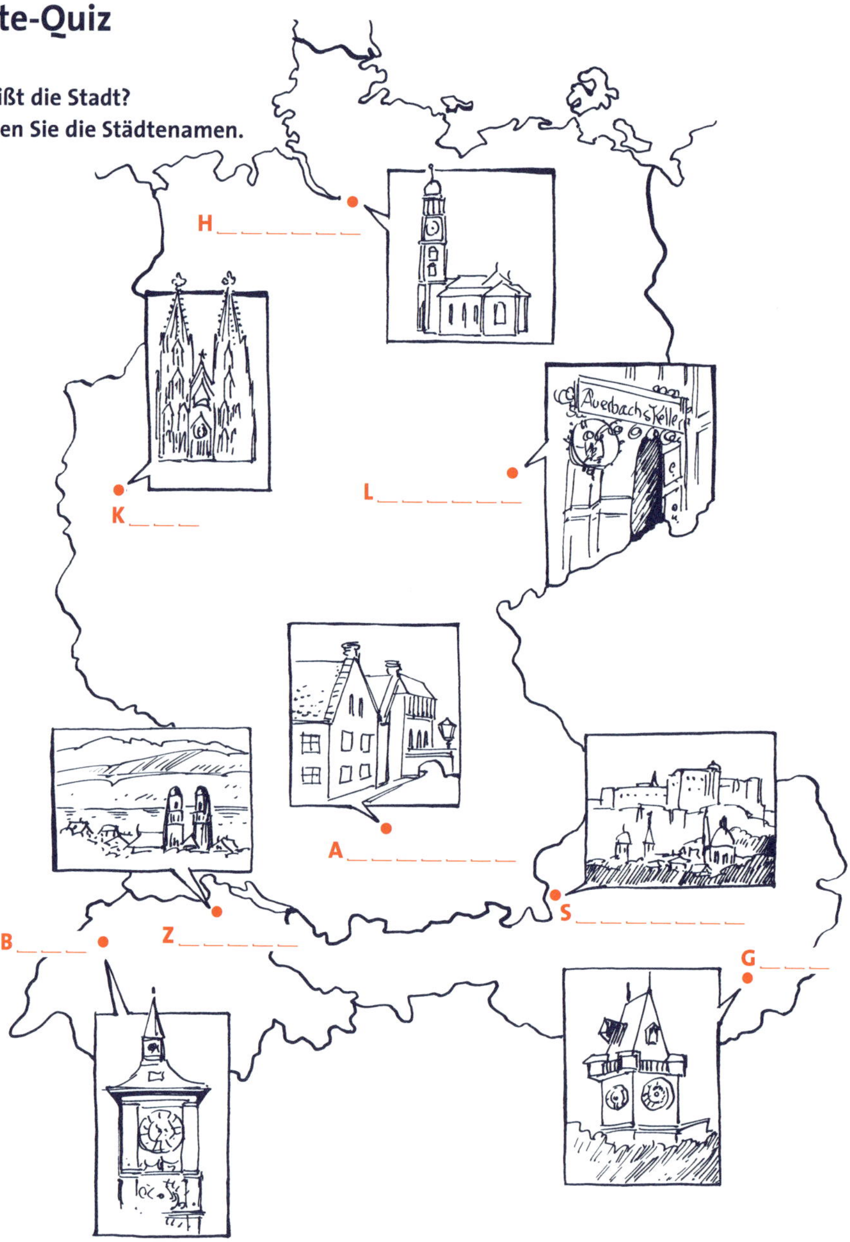

Was ist D, A, CH?

D ist ____________________.

A ist ____________________.

CH ist die ____________________.

Im Hotel

1 Ordnen Sie zu.

a. der Name
b. der Vorname
c. der Geburtsort
die Adresse:
d. der Ort
e. die Postleitzahl
f. die Straße
g. das Land
h. die Unterschrift

☐ Stuttgart
☐ Julian
☐ Deutschland
d Berlin
☐ 10543
☐ Groß
☐ Neue Straße 10
☐ *Julian Groß*

2 Die Hotelanmeldung
Das ist die Visitenkarte von Frau Bruckner. Schreiben Sie die Hotelanmeldung.

Lernfabrik GmbH
Christine Bruckner
Robert-Koch-Straße 10
81825 München
Deutschland
Tel.: 089 / 439 44 88
Fax: 089 / 439 44 89
E-Mail: bruckner@lernfabrik.de

Hotelanmeldung

Name ________ Vorname ________ Geburtsort ________

Adresse: Straße ________

PLZ ________ Ort ________ Land ________

Unterschrift ________

Übungen – und ein bisschen Grammatik

3 Wie ist Ihr Name?
Schreiben Sie Ihre Hotelanmeldung.

Hotelanmeldung

Name ① ____ Vorname ② ____

Geburtsort ③ ____

Adresse: ④

Straße ⑤ ____

PLZ ⑥ ____ Ort ⑦ ____

Land ⑧ ____

Unterschrift

4 Frage und Antwort

a. ◯ Wie heißen Sie?
b. ◯ Wie ist Ihr Name?
c. ◯ Wie ist Ihr Vorname?
d. ◯ Woher kommen Sie?
e. ◯ Wo sind Sie geboren?
f. ◯ Wie ist Ihre Adresse?
g. ◯ Wie heißt die Straße?
h. ◯ Wie heißt der Ort?
i. ◯ Wie ist die Postleitzahl?

5 Was gehört zusammen? Schreiben Sie das Nomen mit Artikel.

der Name
die Adresse
das Land

____ ____
____ ____
____ ____
____ ____
____ ____
____ ____
____ ____

der, die, der, der, die, das, die

Ort, Name, Postleitzahl, Vorname, Straße, Adresse, Land

6 Wie heißt das Wort?

L ☐ N D
U N ☐
V O ☐ N A M E
H ☐ R R
D A ☐
U N T E R ☐ C H R I F T
N A M ☐

7 Ein Formular – Füllen Sie aus.

Familienname ______	Nationalität ______
Vorname/Vornamen ______	Adresse
Geburtsname ______	Straße/Platz/Nummer ______
Geburtsort ______	Postleitzahl/Stadt ______
Geburtsland ______	Land ______
Geburtsdatum ______ Tag ______ Monat ______ Jahr	
Familienstand ☐ ledig ☐ verheiratet ☐ geschieden	Pass-Nummer/Ausweis-Nummer ______
Geschlecht ☐ weiblich ☐ männlich	______ Datum/Unterschrift

8 Was gehört zusammen?

der Pass | der Name | der Ort | männlich
ledig | das Hotel | der Geburtsort | Datum

das Geburtsjahr | der Vorname | die Postleitzahl | weiblich
das Visum | Unterschrift | verheiratet | die Adresse

9 Schreiben Sie, wie Sie heißen, woher Sie kommen und wo Sie wohnen. Sprechen Sie die Sätze.

Ich ______________________.
Ich komme ______________________ (= Land)
und wohne ______________________. (= Stadt)

10 *aus* und *in*

Petra und Jens
leben ______ Leipzig.
wohnen ______ Dresden.
kommen ______ Halle.
sind ______ Berlin.

Ausländer in Deutschland

Was sagt der Reporter? Was sagt der Mann?
Schreiben Sie den Dialog.

Aus Deutschland.
Entschuldigen Sie, woher sind Sie?
Özcan Saglem.
Ja klar, ich bin aus Berlin. Ich wohne hier.
Aha.
Aus Deutschland?
Und wie heißen Sie?

Jetzt hören Sie zu. Vergleichen Sie.

Smalltalk

1 Ordnen Sie zu.

Wie geht's?	1 2 4	1	Gut, danke.
Wie ist das Wetter?	☐ ☐	2	Nicht sehr gut. Leider.
Wie ist das Hotel?	☐ ☐ ☐	3	Das ist prima.
Wie war die Reise?	☐ ☐ ☐	4	Es geht, danke.

2 Frau Bruckner und Herr Kühne im Büro

4A

Herr Kühne: Guten Tag, Frau Bruckner. Wie geht's? Wie war die Reise?

Frau Bruckner: Guten Tag, Herr Kühne. Danke, gut.

Herr Kühne: Und wie ist das Hotel?

Frau Bruckner: Auch gut. Und nicht weit. Sie sind ja direkt im Zentrum.

Herr Kühne: Ja, das ist sehr praktisch.

4B

Frau Bruckner: Das Wetter ist auch prima.

Herr Kühne: Ja, es ist schön und sehr warm. Wie ist es denn in München?

Frau Bruckner: Leider schlecht. Es regnet schon zwei Tage.

Herr Kühne: Da haben Sie hier Glück. Kennen Sie die Stadt?

Frau Bruckner: Nicht sehr gut.

Herr Kühne: Dann machen wir eine Stadtrundfahrt. Vielleicht morgen?

Frau Bruckner: Ja, gerne.

Übungen – und ein bisschen Grammatik

3 Hören Sie den Dialog. Markieren Sie die Person.

a.	Wie war die Reise?	☐	☐
b.	Danke, gut.	☐	☐
c.	Und wie ist das Hotel?	☐	☐
d.	Das ist sehr praktisch.	☐	☐
e.	Auch gut.	☐	☐
f.	Das Wetter ist auch prima.	☐	☐
g.	Wie ist es denn in München?	☐	☐
h.	Leider schlecht.	☐	☐
i.	Kennen Sie die Stadt?	☐	☐
j.	Dann machen wir eine Stadtrundfahrt.	☐	☐

4 Was ist richtig (✔)? Was ist falsch (✘)? Markieren Sie.

Ja. – Nein.
Ja, das ist gut.
– Nein, das ist **nicht** gut.

a.	Das Hotel ist	☐ gut.	☐ nicht gut.
b.	Das Hotel ist	☐ direkt im Zentrum.	☐ nicht im Zentrum.
c.	Das ist	☐ praktisch.	☐ nicht praktisch.
d.	Das Wetter in Berlin ist	☐ schlecht.	☐ nicht schlecht.
e.	Es regnet	☐ in München.	☐ in Berlin.
f.	Frau Bruckner kennt Berlin	☐ sehr gut.	☐ nicht sehr gut.

5 Lesen Sie.

Frau A.: Guten Tag. Wie geht's?
Herr B.: Guten Tag. Danke, gut. Und Ihnen?
Frau A.: Danke. Auch gut.
Herr B.: Wie war die Reise?
Frau A.: Es geht.
Herr B.: Wohnen Sie im Hotel Berlin?
Frau A.: Nein, ich bin im Hotel Amsterdam.
Herr B.: Ah, im Amsterdam.
Frau A.: Ja, das ist sehr praktisch. Direkt im Zentrum.
Herr B.: Ja, und sehr schön ist es auch.

6 Was ist richtig?

- ☐ Frau A. kommt aus Amsterdam.
- ☐ Frau A. wohnt im Hotel Amsterdam.

- ☐ Herr B. wohnt im Amsterdam.
- ☐ Frau A. wohnt im Amsterdam.

- ☐ Das Hotel ist sehr praktisch.
- ☐ Das Hotel ist nicht schön.

7 Ein Interview
Lesen Sie zuerst die Antworten. Hören Sie dann und sprechen Sie Ihre Antwort.

	☺	☹
a. Wie geht es Ihnen?	Danke, sehr gut.	Danke, nicht so gut.
b. Wie war die Reise?	Danke, gut.	Es geht.
c. Wie ist das Hotel?	Prima.	Nicht gut.
d. Wie ist das Wetter?	Es ist warm und schön.	Es ist sehr schlecht.
e. Kennen Sie Berlin?	Ja, gut.	Nicht gut.

8 Hören Sie. Schreiben Sie das Adjektiv.

gut – praktisch – weit – schön – schlecht – prima – warm
Das ist ***prima*** */* ***gut*** */* ***schön****.*

Herr Kühne: Guten Tag, Frau Bruckner. Wie geht's? Wie war die Reise?

Frau Bruckner: Guten Tag, Herr Kühne. Danke, ____________.

Herr Kühne: Und wie ist das Hotel?

Frau Bruckner: Auch ____________. Und nicht ____________. Sie sind ja direkt im Zentrum.

Herr Kühne: Ja, das ist sehr ____________.

Frau Bruckner: Das Wetter ist auch ____________.

Herr Kühne: Ja, es ist ____________ und sehr ____________. Wie ist es denn in München?

Frau Bruckner: Leider ____________. Es regnet schon zwei Tage.

Herr Kühne: Da haben Sie hier Glück. Kennen Sie die Stadt?

Frau Bruckner: Nicht sehr ____________.

Herr Kühne: Dann machen wir eine Stadtrundfahrt. Vielleicht morgen?

Frau Bruckner: Ja, gerne.

Ländernamen

Ergänzen Sie die Ländernamen und suchen Sie alle Namen mit -land. Wie viele sind es?

Neus_ _ l_ _ _	En_ l_ _ _	Tü_ _ ei	_ uss_ _ _ _
D_ _ _ sch_ _ _ _	Ö_ _ _ rr_ _ ch	C_ _ _ a	
Ko_ _ _	_ ta_ _ _ _	B_ _ si_ _ _ _	

Erkennen Sie das Land? Ordnen Sie die Ländernamen zu.

- ◯ Korea
- ◯ Österreich
- ◯ China
- ◯ Deutschland
- ◯ Brasilien
- ◯ England
- ◯ Russland
- ◯ Neuseeland
- ◯ Türkei
- ◯ Italien
- ◯ Frankreich

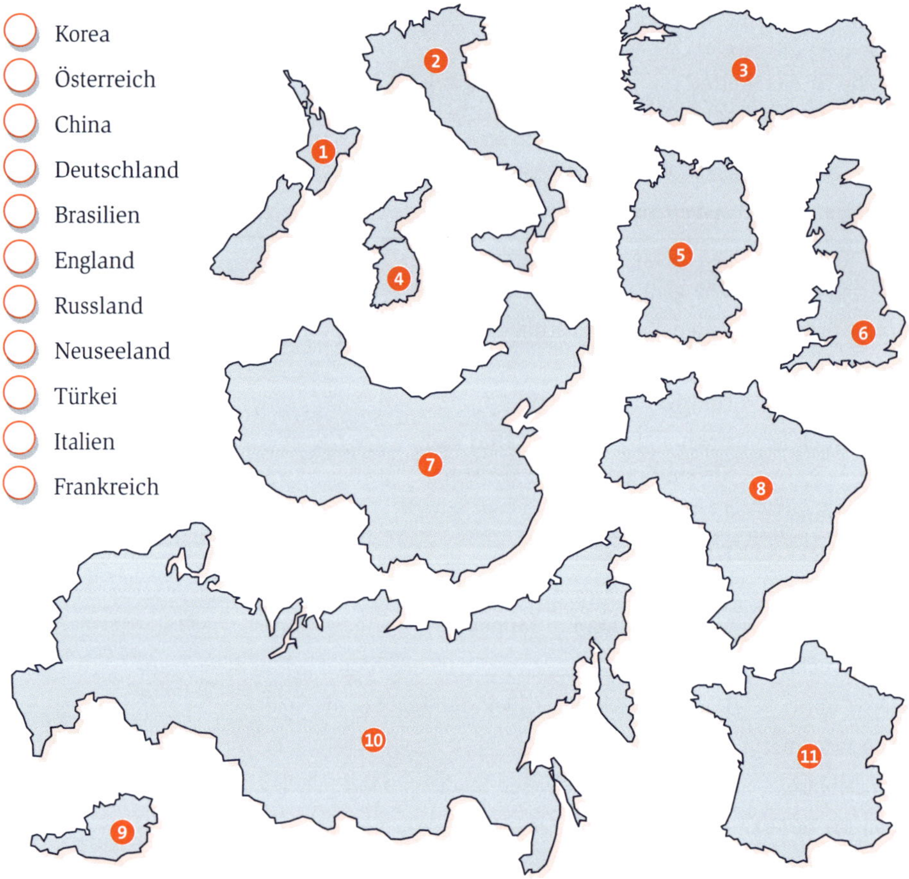

Wie lange fahren wir denn?

1 Wer sagt das?

a. ◯ Oh, das ist schön.

b. ◯ Aha, ich verstehe.

c. ◯ Ja, klar. Ich komme. Noch fünf Minuten.

d. ◯ Nein, nein, das ist nicht richtig.

e. ◯ Na ja, das ist nicht schlimm.

2 Claudia und Robert nehmen die S-Bahn

5A

Robert: Was kostet die Fahrkarte?

Claudia: Zwei Euro.

Robert: Aha. Das habe ich. Wo ist der Automat?

Claudia: Nein, nein, ich mache das.

Robert: Das ist nett. Vielen Dank. Wie lange fahren wir denn?

Claudia: Eine Stunde.

Robert: Wie bitte?

Claudia: Ja, eine Stunde und fünf Minuten. Du bist hier in Berlin und nicht in Rosenheim!

Robert: Ja, ja. Berlin ist eine Großstadt und Rosenheim ist eine Kleinstadt.

5B

Claudia: Morgen haben wir das Auto. Niki fährt mit der S-Bahn.

Robert: Super. Wann kommt Niki denn nach Hause?

Claudia: Heute kommt er spät. Er arbeitet wieder furchtbar viel.

Robert: Und ich arbeite furchtbar wenig.

Claudia: Hast du ein Glück!

Übungen – und ein bisschen Grammatik

3 Lesen Sie den Text. Ergänzen Sie das Fragewort.

Was / Wo / Wie / Wann / Wie lange

Robert: ________ kostet die Fahrkarte?
Claudia: Zwei Euro.
Robert: Aha. Das habe ich. ________ ist der Automat?
Claudia: Nein, nein, ich mache das.
Robert: Das ist nett. Vielen Dank. ______________ fahren wir denn?
Claudia: Eine Stunde.
Robert: ________ bitte?
Claudia: Ja, eine Stunde und fünf Minuten. Du bist hier in Berlin und nicht in Rosenheim!
Robert: Ja, ja. Berlin ist eine Großstadt und Rosenheim ist eine Kleinstadt.
Claudia: Morgen haben wir das Auto. Niki fährt mit der S-Bahn.
Robert: Super. __________ kommt Niki denn nach Hause?
Claudia: Heute kommt er spät. Er arbeitet wieder furchtbar viel.
Robert: Und ich arbeite furchtbar wenig.
Claudia: Hast du ein Glück!

Hören Sie jetzt den Text noch einmal.

4 Das ist falsch! Korrigieren Sie.

Das ist falsch.	**Das ist richtig.**
Die Fahrkarte kostet drei Euro.	________________________
Robert und Claudia sind in Rosenheim.	________________________
Rosenheim ist eine Großstadt.	________________________
Berlin ist eine Kleinstadt.	________________________
Niki arbeitet nicht viel.	________________________
Robert arbeitet viel.	________________________

5 *Wie bitte?* Lesen Sie. Ergänzen Sie.

B: Ihr Name, bitte.
A: Babecki.
B: Wie bitte?
A: Ich ______ Babecki.
B: Vorname?
A: Bitte?
B: Wie ______ Ihr Vorname?
A: Witold.
B: Danke. Geboren?
A: Wie bitte?
B: Wo ______ Sie geboren?
A: In Warschau.
B: Adresse?
A: Wie bitte?
B: Wie ______ Ihre Adresse?
A: Das Hotel?
B: Ja, bitte.
A: Europa.
B: Das Hotel ______ Europa?
A: Ja, Hotel Europa.
B: Danke sehr.

Hören Sie jetzt und vergleichen Sie.

Woher kommst du?
Ich komme aus Deutschland. /
Aus Deutschland.

6 Ein paar Fragen – Antworten Sie ganz kurz.

	lang	kurz
Was kostet die Fahrkarte?	Sie kostet zwei Euro.	______
Wie lange fahren wir?	Wir fahren eine Stunde.	______
Niki fährt mit der S-Bahn.	Das ist super.	______
Wie kommt Niki nach Hause?	Er fährt mit der S-Bahn.	______
Wann kommt Niki nach Hause?	Er kommt spät.	______
Arbeitest du viel?	Nein, ich arbeite furchtbar wenig.	______

*eine Stadt – zwei St**ä**dt**e***
*ein Land – zwei L**ä**nd**er***
*eine Stunde – zwei Stunde**n***

7 Schreiben Sie den Singular.

Wie lange fahren wir? – Zwei Stunden.	Eine ______________.
Was kosten die Fahrkarten?	Was kostet d____ ______________?
Ich habe ein paar Fragen.	Ich habe eine ______________.
Sind das Hotels?	Ist das ein ______________?
Sind München und Hamburg Großstädte?	Ist Hamburg eine ______________?
Sind Hamburg und Bremen Bundesländer?	Ist Bremen ein ______________?

Nachbarländer

Welche Länder sind das?
Hören Sie die Ländernamen. Notieren Sie.

______________________ ______________________ ______________________

______________________ ______________________ ______________________

______________________ ______________________ ______________________

Schreiben Sie die Länder in die Landkarte.

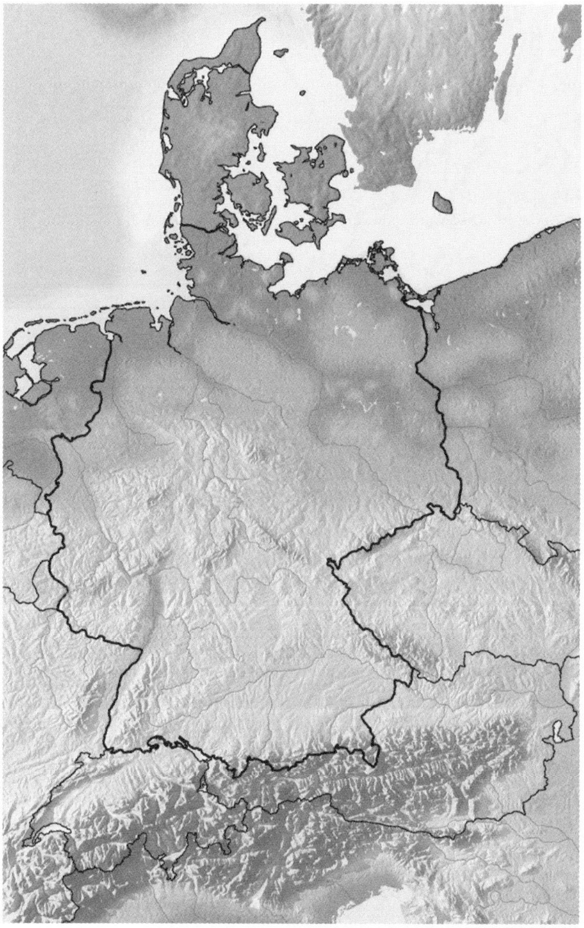

Wer ist Claudia? Wer ist Robert?

1 Wer ist wer? Ordnen Sie zu.

a. ◯ Robert Klein: 25 Jahre, Student. Hobbys: Reisen, Partys.
b. ◯ Niki Bat: 28 Jahre, Informatiker. Hobbys: Job und Karriere.
c. ◯ Katrin Sommer: 18 Jahre, Schülerin. Hobbys: Facebook, Deutsch, Geschichte.
d. ◯ Wolf Elberfeld: 45 Jahre, Ingenieur. Hobbys: Fußball.
e. ◯ Patrick Neumann: 30 Jahre, Geschäftsmann. Hobbys: Tennis, Ski fahren.
f. ◯ Claudia Bergmann: 23 Jahre, Medien-Designerin. Hobbys: Reisen, Sprachen.
g. ◯ Nanni Köhler: 52 Jahre, Ärztin. Hobbys: Musik.

2 Claudia und Robert

6A

Claudia ist in Berlin geboren.
Sie ist 23 Jahre alt.
Sie ist Medien-Designerin von Beruf.
Sie arbeitet bei Art & Design.
Ihre Hobbys sind Reisen und Sprachen.
Ihre Handy-Nummer ist 0174 – 32 38 66.

6B

Robert kommt aus Rosenheim.
Das ist eine Kleinstadt in Bayern.
Sie liegt südlich von München.
Robert studiert in München Informatik.
Er ist 25 Jahre alt und Student.
Er hat viele Hobbys und immer wenig Zeit.
Seine Handy-Nummer ist 0175 – 34 71 75.
Seine Telefonnummer ist 08031 – 14 05 91.
Robert kennt Claudia und Niki schon ein Jahr.
Er findet Claudia sehr sympathisch.

Übungen – und ein bisschen Grammatik

3 Woher kommt Robert? Wo studiert Robert? Wo ist er jetzt? Ergänzen Sie die Sätze.

B________: Hier ________ Claudia und Niki.
R________: Hier ________ Robert.
M________: Hier ________ Robert.

Berlin

München

Rosenheim

4 Was fehlt?

________ ist Claudia?
Claudia ist in Berlin ________.
Sie ist 23 ________ alt.
Sie ist Medien-Designerin von ________.
Sie arbeitet ________ Art & Design.
Ihre ____________ sind Reisen und Sprachen.

Wer ist das?
Woher ...? Wo ...?
Wie (lange) ...? Was ...?

________ ist Robert?
Robert kommt ________ Rosenheim.
Er studiert in ____________ Informatik.
Er ist 25 Jahre und ____________.
Er hat viele Hobbys und immer wenig ________.

Robert kennt Claudia und Niki schon ein Jahr.
Er ____________ sie sehr sympathisch.

5 Wir fragen – Sie antworten

Wo ist Claudia geboren?	Sie ist ________________________
Wie alt ist sie?	Sie ist ________________________
Was ist sie von Beruf?	Sie ist ________________________
Wo arbeitet sie?	________________________
Was sind Ihre Hobbys?	Ihre Hobbys sind ________________
Woher kommt Robert?	________________________

6 Wie findest du das?

a. ◯ Das finde ich schön.
b. ◯ Das finde ich schlecht.
c. ◯ Das finde ich nicht richtig.
d. ◯ Das finde ich praktisch.
e. ◯ Das finde ich richtig.
f. ◯ Das finde ich schwer.

1 Er isst viel.

2 Das ist ein Geschenk.

3 Er isst gut.

4 Er übt Grammatik.

5 Das ist verboten!

6 Das ist neu.

7 Wie bitte? Fragen Sie wie im Beispiel.

Beispiel:
● Ich heiße Sebastian Mittler.
► Wie bitte? Wie heißen Sie?

1. Ich wohne in Nürnberg.
2. Ich arbeite bei Lernsoft.
3. Ich bin Medien-Designer von Beruf.
4. Ich bin aus Rosenheim.
5. Mein Vorname ist Sebastian.
6. Mittler ist mein Name.

8 Wie finden Sie die? Ergänzen Sie die Person und das Adjektiv.

• Robert / Chris Bruckner / Jürgen Heinrich
• sympathisch / nett / nicht so sympathisch / nicht besonders nett

Ich finde Claudia ______________________________.
Ich finde ______________________________.
Ich finde ______________________________.
Ich finde ______________________________.

Ein Schloss in Bayern

Beantworten Sie die Fragen.

1. Wo liegt Neuschwanstein?
im Süden / München

____

2. Das sind ...

☐ 500 Kilometer

☐ 150 Kilometer

☐ 1.000 Kilometer

☐ 2.000 Kilometer

3. Was kostet das Ticket?

____

Entschuldigung!

1 Ergänzen Sie.

Was möchten Sie trinken?

______________________, bitte.

Mit ______________ und ________________?

Bitte mit ______________________________.

Kaffee

Tee

Milch

Zucker

2 Kaffee trinken im Büro

Herr Heinrich: Möchten Sie etwas trinken? Kaffee?

Frau Bruckner: Haben Sie auch Tee?

Herr Heinrich: Ja, natürlich. – Oh, tut mir leid. Der Tee ist schon kalt.

Frau Bruckner: Dann nehme ich Kaffee.

Herr Heinrich: Möchten Sie Milch und Zucker?

Frau Bruckner: Nur Milch, bitte.

Herr Heinrich: Entschuldigung ...

Frau Bruckner: Macht nichts.

Herr Heinrich: Hier ist eine Serviette.

Frau Bruckner: Vielen Dank.

Herr Kühne: Also: Wir arbeiten jetzt bis Mittag. Dann machen wir eine Stunde Pause und gehen in die Kantine. Einverstanden?

Frau Bruckner: Einverstanden.

Übungen – und ein bisschen Grammatik

3 Wie ist die Reihenfolge?

1 Herr Kühne: Also: Wir arbeiten jetzt bis Mittag. Dann machen wir eine Stunde Pause und gehen in die Kantine. Einverstanden?
Frau Bruckner: Einverstanden.

2 Herr Heinrich: Möchten Sie etwas trinken? Kaffee?
Frau Bruckner: Haben Sie auch Tee?
Herr Heinrich: Ja, natürlich. – Oh, tut mir leid. Der Tee ist schon kalt.

3 Herr Heinrich: Entschuldigung …
Frau Bruckner: Macht nichts.
Herr Heinrich: Hier ist eine Serviette.
Frau Bruckner: Vielen Dank.

4 Frau Bruckner: Dann nehme ich Kaffee.
Herr Heinrich: Möchten Sie Milch und Zucker?
Frau Bruckner: Nur Milch, bitte.

Reihenfolge: ___ ___ ___ ___

4 Fragen Sie.

1.	Entschuldigung, sind ___	**a.**	Sie noch Kaffee?
2.	Entschuldigung, wo ___	**b.**	Sie Herr Heinrich?
3.	Entschuldigung, möchten ___	**c.**	kommen Sie?
4.	Entschuldigung, wie ___	**d.**	ist die Kantine?
5.	Entschuldigung, woher ___	**e.**	kostet die Fahrkarte?
6.	Entschuldigung, was ___	**f.**	machen wir Pause?
7.	Entschuldigung, wann ___	**g.**	ist Ihr Name?

5 Kreuzworträtsel

1 senkrecht — Tut mir ________, der Tee ist schon kalt.
2 senkrecht — Wir arbeiten bis ________________.
3 waagerecht — Nehmen Sie Zucker? – Ja, ________.
4 waagerecht — Dann gehen wir in die ________________.
5 senkrecht — Trinken Sie Kaffee? – Nein, nur ________.

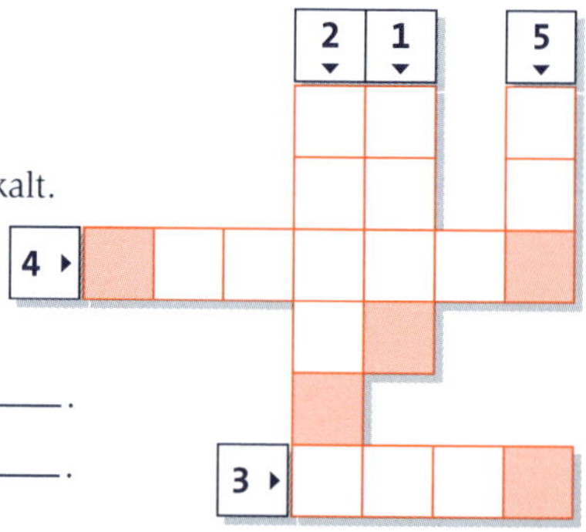

6 Hören Sie die Frage. Antworten Sie höflich. Hören Sie dann die Antwort.

möchten
Ich **möchte** ...
Möchten Sie ...?

a. Möchten Sie eine Pause machen?	☐ Ja, gerne.	☐ Ja.	☐ Morgen.
b. Möchten Sie Kaffee oder Tee?	☐ Tee, bitte.	☐ Kaffee.	☐ Nein.
c. Möchten Sie eine Serviette?	☐ Ja.	☐ Ja, danke.	☐ Aha.
d. Möchten Sie auch Zucker?	☐ Nein.	☐ Ja, bitte.	☐ Milch.
e. Möchten Sie Milch und Zucker?	☐ Nur Milch, bitte.	☐ Ja.	☐ Nein.
f. Möchten Sie in die Kantine?	☐ Nein.	☐ Ja.	☐ Ja, gerne.

7 Was passt nicht? Schreiben Sie.

a. Frau	Mann	Kind	Fahrkarte	*Fahrkarte*
b. Hobby	Studentin	Student	Universität	________
c. Handy	Sprache	Smartphone	Telefon	________
d. Land	Name	Geburtsort	Buchstabe	________
e. warm	kalt	schön	sympathisch	________
f. Tag	Informatik	Stunde	Minute	________

8 Notizen von Chris Bruckner

Ergänzen Sie: gut / Beruf / fünf Jahre / alt / Herr / liegt / Chef.

Dienstag, 24.

Firma Europartner: Das Büro ________ direkt im Zentrum. Die Adresse ist sehr ________. Die Firma ist schon ________ ________ dort. Herr Kühne und ________ Heinrich sind sehr sympathisch.

Herr Kühne ist der ________, 40 Jahre ________, von Beruf Informatiker.

Herr Heinrich ist der Marketing-Chef. Er ist von ________ Ingenieur.

Kaffee trinken

Wo sind wir? In Deutschland, in der Schweiz oder in Österreich?

In ___________________________.

- Bitte eine Tasse Kaffee.
- ► Möchten Sie Kaffee, Espresso oder Cappuccino?
- Kaffee, bitte, mit Milch und Zucker.

Wo sind wir? In Deutschland, in der Schweiz oder in Österreich?

In ___________________________.

- Bitte eine Tasse Kaffee.
- ► Möchten Sie Milchkaffee, einen großen Braunen, einen kleinen Braunen oder ...?
- Oh, kann ich bitte die Karte haben?
- ► Bitte sehr.
- Bitte einen Kaffee mit Milch.
- ► Gern.

Wo sind wir? In Deutschland, in der Schweiz oder in Österreich?

In ___________________________.

- Bitte eine Tasse Kaffee.
- ► Möchten Sie Kaffee oder eine Schale?
- Eine Schale?
- ► Das ist Milchkaffee.
- Ah ja, gerne.

Zu Hause

1 Hier fehlt was. Ergänzen Sie die Vokale.

i
e
a
ei
e
o
e
e
e
e
e
a
e

_rb__t_n

k_ch_n

tr_nk_n

_ss_n

spr_ch_n

f_hr_n

2 Zu Hause bei Claudia und Niki

Niki: Hallo, Robert!

Robert: Hallo, Niki. Du bist ja zu Hause!

Niki: Na klar. Ich bin extra früher gegangen.

Robert: Das ist prima. Und? Wie geht's?

Niki: Gut. Alles bestens.

Robert: Claudia sagt, du arbeitest viel.

Niki: Ach was! Von nichts kommt nichts, sagt man. Die Arbeit macht auch Spaß.

Claudia: Aber jetzt machen wir Pause.

Niki: Du hast recht, Claudia.

Claudia: Und jetzt essen wir was. Robert, hast du Hunger?

Robert: Immer.

Niki: Nun bin ich dran. Ich habe nämlich eine Überraschung! Es gibt heute Spaghetti und Salat. Ich habe gekocht!

Claudia: Bah, klasse. Und was trinken wir?

Übungen – und ein bisschen Grammatik

3 Ergänzen Sie. Hören Sie dann noch einmal und korrigieren Sie.

Hunger / prima / Spaß / Pause / zu Hause / Überraschung / recht / Salat

Niki: Hallo, Robert!
Robert: Hallo, Niki. Du bist ja _____ ______________!
Niki: Na klar. Ich bin extra früher gegangen.
Robert: Das ist ______________. Und? Wie geht's?
Niki: Gut. Alles bestens.
Robert: Claudia sagt, du arbeitest viel.
Niki: Ach was! Von nichts kommt nichts, sagt man. Die Arbeit macht auch _______.
Claudia: Aber jetzt machen wir ______________.
Niki: Du hast ______________, Claudia.
Claudia: Und jetzt essen wir was. Robert, hast du ______________?
Robert: Immer.
Niki: Nun bin ich dran. Ich habe nämlich eine ____________________! Es gibt heute Spaghetti und ______________. Ich habe gekocht!
Claudia: Bah, klasse. Und was trinken wir?

4 Buchstabensalat

Suchen Sie die Wörter H_ _ _ _ _ und D_ _ _ _ _.

Z	E	W	Q	C	V	Z	T
T	Z	V	Q	W	E	Z	N
C	H	U	N	G	E	R	T
A	N	D	U	R	S	T	E
B	B	E	E	R	B	T	Z
A	B	C	D	E	F	G	H
H	G	F	E	D	C	B	A
Ö	Ä	Ü	S	E	Ü	Ä	Ö

5 Was sagen Robert, Niki und Claudia? Markieren Sie.

a.	Robert:	Du bist ja	☐ zu Hause.	☐ im Büro.	
b.	Niki:	Ich bin extra	☐ später gegangen.		☐ früher gegangen.
c.	Robert:	Du arbeitest	☐ viel.	☐ nicht.	☐ wenig.
d.	Niki:	Du hast	☐ recht.	☐ nicht recht.	
e.	Claudia:	Robert, hast du	☐ Hunger?	☐ Zeit?	☐ Glück?
f.	Niki:	Es gibt	☐ nichts.	☐ Kaffee und Tee.	☐ Spaghetti und Salat.

6 Ergänzen Sie.

Er ____________ (sein) früher nach Hause gegangen.
Er ____________ (sein) mit dem Auto gefahren.
Er ____________ (haben) viel gearbeitet.
Die Arbeit ____________ (haben) Spaß gemacht.
Er ____________ (haben) Spaghetti gekocht.
Wir ____________ (haben) nichts gegessen.
Wir ____________ (haben) nichts getrunken.

	sein	haben
ich	bin	habe
du	bist	hast
er/sie	ist	hat
wir	sind	haben
ihr	seid	habt
Sie/sie	sind	haben

7 Was sagen Sie?

a. Es gibt eine Überraschung! *Klasse!* — klasse / prima / schade
b. Habt ihr schon ein Hotel? ____________ — na klar / macht nichts / ach was
c. Studierst du noch? ____________ — bestens / ach was / na klar
d. Wie geht's zu Hause? ____________ — na ja / bestens / schade
e. Du arbeitest zu viel! ____________ — prima / na klar / na ja
f. Robert hat immer recht. ____________ — ach was / klasse / na klar
g. Ich komme heute nicht. ____________ — schade / prima / macht nichts

8 Tagebuch von Robert

Ergänzen Sie: gekommen / Hause / recht / arbeitet / und / gemacht / fahren / fährt

Dienstag, 24.

Bei Claudia und Niki: Ich bin bei Claudia und Niki zu ____________. Niki ist heute extra früher nach Hause ____________. Claudia sagt, er ____________ viel. Das stimmt. Sie hat ____________.
Niki hat gekocht. Wir haben Spaghetti ____________ Salat gegessen. Das hat Spaß ____________. Morgen ____________ wir in die Stadt. Claudia hat das Auto. Niki ____________ mit der S-Bahn.

Sprichwörter

Ergänzen Sie die Wörter.

studieren / Rat / Zeit / Ton / Apfel / probieren / Musik / Likör / Sorgen / Stamm

Kommt __________, kommt __________.

Der __________ fällt nicht weit vom __________.

______________ geht über ______________.

Der __________ macht die __________.

Wer __________ hat, hat auch __________.

Die Wohnung ist schön

1 Wo ist was?

das Wohnzimmer

das Schlafzimmer

die Küche

das Bad

die Toilette

der Flur

der Balkon

2 Zwei Zimmer, Küche und Bad

Die Wohnung von Claudia und Niki ist nicht groß. Sie ist aber sehr gemütlich. Ein Zimmer mit Bad, das reicht, hat Niki immer gesagt. Und jetzt haben sie zwei Zimmer, eine Küche und ein Bad. Auch für Besuch ist Platz. Robert schläft im Wohnzimmer.
Claudia hat lange zu Hause gewohnt und die Miete gespart. Niki hat im Zentrum gewohnt. Dann haben sie die Wohnung im Norden von Berlin gefunden.

Claudia hat die Anzeige gelesen.

Berlin-Frohnau
Dachwohnung mit Balkon, 45 qm, 2 Zimmer, Küche, Bad, 550 Euro monatlich warm, ab sofort frei. Telefon: 030 – 884421.

Übungen – und ein bisschen Grammatik

3 Was ist richtig? Markieren Sie.

1. Niki hat
- ☐ zu Hause
- ☐ im Zentrum

gewohnt.

2. Die Wohnung von Claudia und Niki hat
- ☐ ein Zimmer mit Bad.
- ☐ zwei Zimmer mit Bad.
- ☐ drei Zimmer.

3. Es ist
- ☐ eine Dachwohnung.
- ☐ eine 3-Zimmer-Wohnung.
- ☐ eine 1-Zimmer-Wohnung.

4. Robert schläft
- ☐ im Wohnzimmer.
- ☐ im Hotel.
- ☐ im Schlafzimmer.

5. Die Miete ist
- ☐ 500 Euro kalt.
- ☐ 550 Euro warm.
- ☐ 750 Euro kalt.

6. Die Wohnung ist
- ☐ im Norden
- ☐ im Osten
- ☐ im Westen

von Berlin.

4 Sie sind jetzt Claudia. Sagen Sie *ich* und *wir*.

Die Wohnung ist nicht groß. Sie ist aber sehr gemütlich. Ein Zimmer mit Bad, das reicht, hat Niki immer gesagt. Und jetzt ______ _____ sogar zwei Zimmer, eine Küche und ein Bad. Auch für Besuch ist Platz. Robert schläft im Wohnzimmer.
_____ ______ lange zu Hause gewohnt und die Miete gespart. Niki hat im Zentrum gewohnt. Dann ______n ____ die Wohnung gefunden. _____ _____e die Anzeige gelesen.

5 *Mieten, Mieten, Mieten* ... Ordnen Sie zu.

a. ◯ 3-Zimmer-Wohnung, 90 m^2, neu, S-Bahn, 900 Euro kalt

b. ◯ 4-Zimmer-Wohnung in Landsberg, sehr schön, 104 m^2, ab sofort, 600 Euro kalt

c. ◯ Dachwohnung mit 2 Zimmern, 500 Euro monatlich

d. ◯ Garage, 100 Euro monatlich

e. ◯ 1-Zimmer-Appartement, 37 m^2, mit Balkon, Bad/WC, 400 Euro monatlich

f. ◯ Einfamilienhaus, 190 m^2, 2 Bäder, 1.300 Euro

1

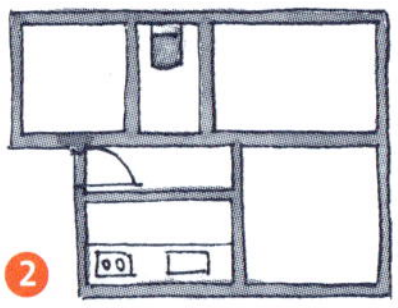
2

3

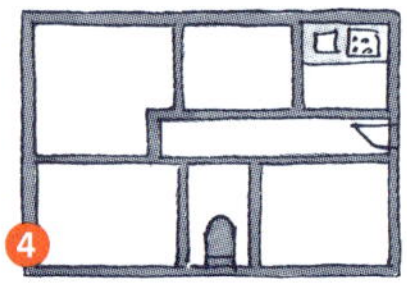
4

5

6

6 Wir rechnen.

> $3 + 3 = 6$ drei **plus** drei **gleich** sechs
> $3 - 3 = 0$ drei **minus** drei **gleich** null
> $3 \times 3 = 9$ drei **mal** drei **gleich** neun
> $3 : 1 = 3$ drei **(geteilt) durch** eins **gleich** drei

1. Das Schlafzimmer hat drei mal vier Meter. Das sind ________ Quadratmeter.
2. Der Balkon hat fünf mal ein Meter. Das sind ________ Quadratmeter.
3. Das Wohnzimmer hat 16 Quadratmeter, das Schlafzimmer 12 Quadratmeter, das Bad 6, die Küche 5, der Flur 6: Die Wohnung hat also ________ Quadratmeter.
4. Miete 450 €, Quadratmeter 45: Das sind 450 durch 45 gleich ________ € pro Quadratmeter. Gehalt 1.500 € minus Miete. Bleiben ________ €.

7 Ergänzen Sie die Verben.

arbeiten | baden | fahren | kochen | wohnen | schlafen

Bad:	________	Wohnzimmer:	________
Küche:	________	Arbeit:	________
Schlafzimmer:	________	Fahrkarte:	________

8 Wie finden Sie das?

Wie finden Sie die Wohnung? – Super.	Ich ________________
Wie finden Sie das Bad? – Praktisch.	________________
Wie finden Sie den Balkon? – Schön.	________________
Wie finden Sie den Kaffee? – Gut.	________________
Wie finden Sie das Hotel? – Schlecht.	________________

Hören Sie und antworten Sie.

9 Ergänzen Sie das Adjektiv.

> schön
> der schön**e** Flur
> das schön**e** Bad
> die schön**e** Wohnung

Das Bad ist praktisch.	Das	________________	Bad.
Markus ist nett.	Der	________________	Markus.
Das Hotel ist schlecht.	Das	________________	Hotel.
Daniela ist sympathisch.	Die	________________	Daniela.
Die Lösung ist richtig.	Die	________________	Lösung.

Rätsel

Ergänzen Sie die Zahlen.

Ein Hufeisen

Ein Fliegenpilz

Ein Schornsteinfeger

A = eins
B = zwei
C = drei
D = ________
E = ________
F = ________
G = ________
H = ________
I = neun
J = zehn
K = ________
L = ________
M = ________
N = ________
O = ________

P = ________
Q = siebzehn
R = ________
S = ________
T = ________
U = ________
V = ________
W = ________
X = ________
Y = ________
Z = sechsundzwanzig
Ä = siebenundzwanzig
Ö = achtundzwanzig
Ü = neunundzwanzig
ß = dreißig

Ein Schwein

Ein Kleeblatt

... bringt Glück.

Schreiben Sie die Buchstaben.

22 9 5 12   7 12 29 3 11

__ __ __ __   __ __ __ __ __ !

Viel Verkehr!

1 Uhren – Ordnen Sie zu.

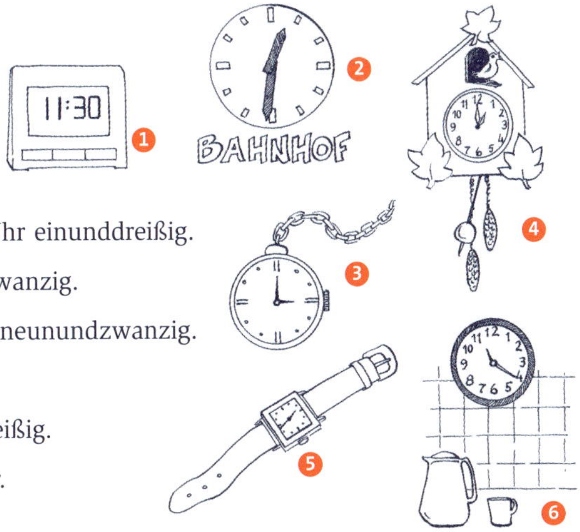

Es ist halb zwölf.

a. ◯ Die Bahnhofsuhr zeigt zwölf Uhr einunddreißig.
b. ◯ Die Küchenuhr zeigt elf Uhr zwanzig.
c. ◯ Die Armbanduhr zeigt elf Uhr neunundzwanzig.
d. ◯ Die Taschenuhr zeigt drei Uhr.
e. ◯ Die Digitaluhr zeigt elf Uhr dreißig.
f. ◯ Die Kuckucksuhr zeigt ein Uhr.

2 Chris Bruckner fährt mit dem Taxi zur Firma Europartner

Frau Bruckner: Bitte in die Potsdamer Straße Nummer 205.
Taxifahrer: Heute ist viel Verkehr. Haben Sie es sehr eilig?
Frau Bruckner: Ja, ich habe einen Termin um 10 Uhr.
Taxifahrer: Kein Problem.
Frau Bruckner: Wie weit ist es? Wie lange brauchen wir?
Taxifahrer. Ungefähr 40 Minuten. Wir nehmen die Stadtautobahn.
Frau Bruckner: Berlin hat viel Wasser. Man sieht viele Kanäle und Häfen.
Taxifahrer: Wie in Venedig.
Frau Bruckner: Fast.
Frau Bruckner: ... 78 34 ... Herr Heinrich? Bruckner hier. Ich komme leider eine Viertelstunde später. Der Verkehr .... Danke. Bis gleich.
Taxifahrer: Tut mir leid. Morgens ist immer Stau.
Frau Bruckner: In München auch: morgens, mittags, abends. Schrecklich!
...
Taxifahrer: Nummer 205? Da sind wir. 26 Euro, bitte.
Frau Bruckner: Und bitte eine Quittung.

Übungen – und ein bisschen Grammatik

3 Wer hat das gesagt? Frau Bruckner oder der Taxifahrer? Markieren Sie.

a.	Bitte in die Potsdamer Straße.	☐	☐
b.	Haben Sie es sehr eilig?	☐	☐
c.	Wie lange brauchen wir?	☐	☐
d.	Ich komme leider eine Viertelstunde später.	☐	☐
e.	Morgens ist immer Stau.	☐	☐
f.	Bitte eine Quittung.	☐	☐

4 Ergänzen Sie.

Verkehr / Straße / Nummer / Quittung / Viertelstunde / Termin / Minuten / Wasser / Stau / Euro

Frau Bruckner:	Bitte in die Potsdamer ______________ Nummer 205.
Taxifahrer:	Heute ist viel ______________. Haben Sie es sehr eilig?
Frau Bruckner:	Ja, ich habe einen ______________ um 10 Uhr.
Taxifahrer:	Kein Problem.
Frau Bruckner:	Wie weit ist es? Wie lange brauchen wir?
Taxifahrer:	Ungefähr 40 ______________. Wir nehmen die Stadtautobahn.
Frau Bruckner:	Berlin hat viel ______________. Man sieht viele Kanäle und Häfen.
Taxifahrer:	Wie in Venedig.
Frau Bruckner:	Fast.
Frau Bruckner:	... 78 34 ... Herr Heinrich? Bruckner hier. Ich komme leider eine ______________ später. Der Verkehr ... Danke. Bis gleich.
Taxifahrer:	Tut mir leid. Morgens ist immer ______________.
Frau Bruckner:	In München auch: morgens, mittags, abends. Schrecklich!
Taxifahrer:	______________ 205? Da sind wir. 26 ________, bitte.
Frau Bruckner:	Und bitte eine ______________.

5 Wie spät ist es?

a. ◯ Es ist 10 vor 10 (Uhr).

b. ◯ Es ist 10 nach 10 (Uhr).

c. ◯ Es ist Viertel nach 10.

d. ◯ Es ist halb elf.

1

2

3

4

6 Sprechübung

Sie nehmen jetzt ein Taxi. Hören Sie zuerst das Beispiel.
Antworten Sie, wir korrigieren.

Beispiel:

- ● Bitte in die Potsdamer Straße.
- ► Es ist viel Verkehr. Haben Sie es eilig?
- ● Ja, ich habe einen Termin um 10 Uhr.

1. Münchner Straße – 9 Uhr
2. Berliner Straße – 3 Uhr
3. Wiener Straße – 11 Uhr
4. Hamburger Straße – 1 Uhr

7 Ich möchte ...

Sie träumen von einer Reise. Sie sehen Fotos mit vielen Reisezielen.
Schreiben Sie: *Ich möchte nach XY fahren/fliegen.*

____

____

____

→
nach + Ort/Stadt/Land
nach Brüssel **fahren/fliegen**
nach Hause **gehen**

Wien

Frankfurt

Rom

Paris

Athen

Sydney

Rio

Sie können die Übung auch noch mündlich machen. Antworten Sie ganz kurz.

Beispiel:
Wohin möchten Sie? (Wien) → Nach Wien.

1. Wohin fahren Sie? (Frankfurt)
2. Wohin fliegen Sie? (Athen)
3. Wohin möchten Sie? (Rom)
4. Wohin fliegen Sie? (Sydney)
5. Wohin fahren Sie? (Paris)
6. Wohin möchten Sie? (Rio)

Wie weit ist das von Frankfurt?

10 Länder – 10 Hauptstädte

Notieren Sie die Hauptstädte.

Athen | Lissabon | Stockholm | Bern | Brüssel | Madrid | Oslo | Wien | Warschau | Moskau

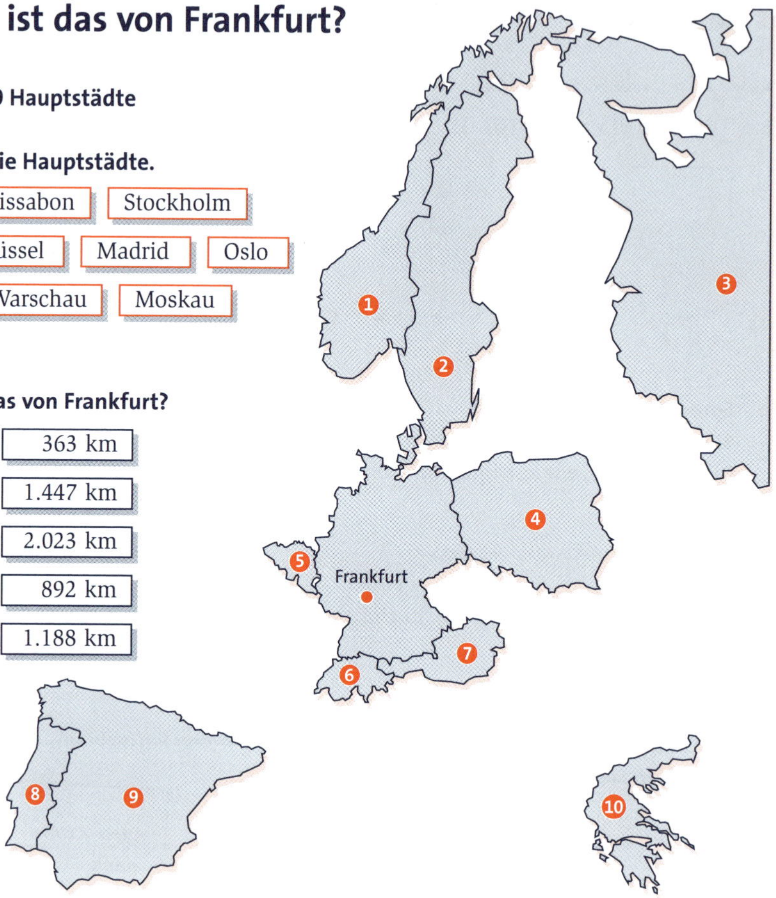

Wie weit ist das von Frankfurt?

1.892 km	363 km
316 km	1.447 km
598 km	2.023 km
1.803 km	892 km
1.099 km	1.188 km

1. *Oslo* *1.099 km*
2. ______ ______
3. ______ ______
4. ______ ______
5. ______ ______
6. ______ ______
7. ______ ______
8. ______ ______
9. ______ ______
10. ______ ______

Ergänzen Sie.

Nach Moskau ist es ____________ als nach Madrid.

Nach Madrid ist es weiter ________ nach O____________.

Nach Athen ist es ____________ als nach B________.

Die Firmenbesichtigung, Teil 1

1 Markieren Sie. Sagen Sie warum.

Fahren Sie gern	ja, sehr gern	nein, nicht so gern	nein, nicht gern
mit dem Auto?	☐	☐	☐
mit dem Zug?	☐	☐	☐
mit dem Bus?	☐	☐	☐
mit der S-Bahn?	☐	☐	☐
mit dem Taxi?	☐	☐	☐
Fliegen Sie gern?	☐	☐	☐

Warum? Warum nicht?

Auto fahren …, Taxi fahren, Fliegen …
ist (sehr) teuer / billig / geht schnell / dauert sehr lange / macht Spaß.
… ist sehr langsam / sehr gemütlich / praktisch …

2 Eine Einladung zum Essen und eine Besichtigung

11A

Herr Heinrich: Es ist 11 Uhr. Mein Vorschlag: Wir machen jetzt eine Firmenbesichtigung und um 12 Uhr gehen wir in die Kantine.

Herr Kühne: Gut. Ich komme um 12 in die Kantine.
Eine Frage, Frau Bruckner: Haben Sie heute Abend Zeit? Wir möchten Sie zum Essen einladen.

Frau Bruckner: Gerne.

Herr Kühne: Ist sieben Uhr in Ordnung?

Frau Bruckner: Geht auch halb acht?

Herr Kühne: Gut, um halb acht. – Wann fliegen Sie zurück?

Frau Bruckner: Morgen. Das heißt, ich fahre mit dem Zug. Das sind nur sechseinhalb Stunden.

11B

Herr Heinrich: So, hier ist also der Vertrieb: Die Geschäftsleitung und das Sekretariat sind hier geradeaus. Wir nehmen jetzt den Aufzug.
Hier ist … Oh, Entschuldigung, das ist der Keller … Einen Moment …

Frau Bruckner: Und was gibt es im Keller?

Herr Heinrich: Nur das Archiv.

Übungen – und ein bisschen Grammatik

3 Ergänzen Sie den Text. Hier fehlen die Zeitangaben.

morgen / halb acht / sieben Uhr / um halb acht / heute Abend / um 12 / 11 Uhr / um 12 Uhr

Herr Heinrich:	Es ist ___________. Mein Vorschlag: Wir machen jetzt eine Firmenbesichtigung und ___________ gehen wir in die Kantine.
Herr Kühne:	Gut. Ich komme _______________ in die Kantine. Eine Frage, Frau Bruckner: Haben Sie _______________ Zeit? Wir möchten Sie zum Essen einladen.
Frau Bruckner:	Gerne.
Herr Kühne:	Ist _______________ in Ordnung?
Frau Bruckner:	Geht auch _______________?
Herr Kühne:	Gut, _______________. – Wann fliegen Sie zurück?
Frau Bruckner:	___________. Das heißt, ich fahre mit dem Zug. Das sind nur 6 einhalb Stunden.

4 Was ist richtig? Markieren Sie.

1. Wer isst um zwölf in der Kantine?
- ☐ Herr Heinrich und Frau Bruckner
- ☐ Herr Heinrich, Frau Bruckner und Herr Kühne
- ☐ Frau Bruckner und Herr Kühne

2. Wer lädt ein?
- ☐ Herr Heinrich
- ☐ Frau Bruckner
- ☐ Herr Kühne

3. Was sagt Herr Kühne?
- ☐ Wir möchten Sie zum Essen einladen.
- ☐ Wir laden Sie zum Essen ein.
- ☐ Möchten Sie heute Abend essen?

4. Wann ist das Essen heute Abend?
- ☐ Um zwölf.
- ☐ Um acht.
- ☐ Um halb acht.

5. Wie fährt Frau Bruckner nach München?
- ☐ Sie fliegt.
- ☐ Sie fährt mit dem Zug.
- ☐ Sie fährt mit dem Auto.

6. Wie lange fährt sie?
- ☐ Zehn Stunden.
- ☐ Sechseinhalb Stunden.
- ☐ Sechs Stunden.

5 Antworten Sie mit *Nein.*

Haben Sie ein Auto? *Nein, ich habe kein Auto* .
Haben Sie eine Firma? ________________ .
Haben Sie einen Aufzug? ________________ .
Haben Sie einen Keller? ________________ .
Haben Sie ein Archiv? ________________ .
Haben Sie ein Sekretariat? ________________ .

einen – keinen
Habt ihr ***einen*** Balkon?
Nein, wir haben ***keinen*** Balkon.

6 Was passt nicht? Markieren Sie.

nehmen	☐ den Zug	☐ das Auto	☐ die Bahn	☐ den Aufzug	☐ den Vertrieb
möchten	☐ einen Salat	☐ ein Zimmer	☐ eine Serviette	☐ einen Tag	☐ einen Kaffee
haben	☐ einen Beruf	☐ ein Haus	☐ ein Hobby	☐ eine Frage	☐ einen Bahnhof
kennen	☐ das Wort	☐ die Stadt	☐ die Stunde	☐ die Hausnummer	☐ den Namen
mieten	☐ eine Wohnung	☐ ein Büro	☐ eine Straße	☐ ein Haus	☐ ein Zimmer

7 Üben Sie den Dialog wie im Beispiel. Hören Sie dann zu.

Beispiel:
- ● Hast du heute Abend Zeit?
- ► Ja, wann?
- ● Um 7 Uhr.

1. heute Abend / 18 Uhr
2. heute Abend / 8 Uhr
3. heute Abend / 20 Uhr
4. morgen / 15 Uhr

8 Notizen von Chris Bruckner

Ergänzen Sie: Uhr / halb / mit / wenig / mittags / Essen

Dienstag, 24.

Firma Europartner: 10 ______ bis 15 in der Firma, Gespräch ______ Herrn Kühne.
Wir haben nur ______ Zeit. 11 Uhr Firmenbesichtigung. ______ in der Kantine.
Einladung zum ______ heute Abend um ______ acht.

Buchstaben-Labyrinth

Der Weg ist das Ziel

Auf Sie wartet eine Überraschung. Starten Sie bei START. Suchen Sie den Weg ins Ziel.
Die Buchstaben ergeben zwei Sätze. Wie heißen die Sätze?
Viel Spaß!

Start

Ziel

_ _ _ _   _ _ _ _ _   _ _ _   _ _ _ _ ?

_ _ _   _ _ _ _ _ _ _   _ _ _   _ _ _

_ _ _ _ _   _ _ _ _ _ _ _ _ .

Die Firmenbesichtigung, Teil 2

1 Was sehen Sie? Ordnen Sie zu.

- ◯ der Empfang
- ◯ die IT-Abteilung
- ◯ die Buchhaltung
- ◯ die Redaktion
- ◯ das Lager
- ◯ das Informationszentrum
- ◯ die Kantine
- ◯ der Konferenzraum

2 Links, rechts, geradeaus

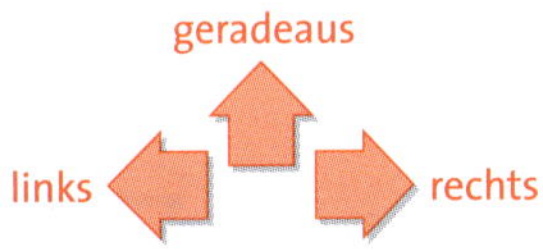

12A

Herr Heinrich: Wir sind jetzt im Erdgeschoss. Hier links ist das Informationszentrum. Hier ist auch der Konferenzraum.

Frau Bruckner: Schön! Da macht die Arbeit Spaß.

Herr Heinrich: Den Empfang und die Redaktionen haben Sie schon gesehen.
Wir gehen nach rechts. Da ist die Buchhaltung und die IT-Abteilung.
Gegenüber ist das Controlling. Da geradeaus ist die Kantine.

Frau Bruckner: Und wo haben Sie das Lager?

Herr Heinrich: Das ist nicht hier. Hier ist kein Platz.

Frau Bruckner: Ich verstehe.

Herr Heinrich: Möchten Sie das Lager besichtigen? Das ist eine Viertelstunde zu Fuß.

Frau Bruckner: Nein, ich glaube nicht.

Herr Heinrich: Dann gehen wir in die Kantine. Da kommt schon Herr Kühne ... Wir gehen in Raum 1.

12B

Kantine **Selbstbedienung**

Geöffnet von:	7.30 bis 9 Uhr 11.30 bis 14 Uhr
Gäste-Casino:	Raum 1
Anmeldung:	Frau Gartner Telefon 366
Kantinenleitung:	Telefon 365

Übungen – und ein bisschen Grammatik

3 Wie ist die Reihenfolge? Hören Sie den Text und notieren Sie B bis F.

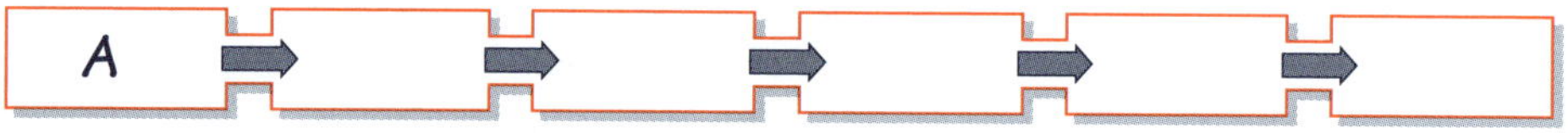

Informationszentrum (**A**) Controlling (**B**) Kantine (**C**) Buchhaltung (**D**)
Empfang und Redaktionen (**E**) IT-Abteilung (**F**)

4 Das ist die Firma Europartner. Lesen Sie den Text und zeichnen Sie dann den Weg in die Skizze.

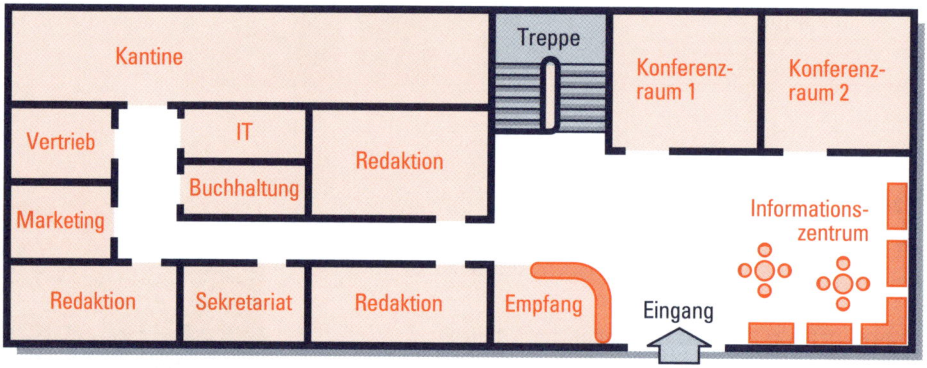

Hier ist der Empfang. Bitte nach **rechts**. Das ist das Informationszentrum und das sind die Konferenzräume. Bitte in Raum Nummer 1.

Wir gehen jetzt zurück. Das ist wieder der Empfang. Dann haben wir **links** und **rechts** die Redaktionen. **Links** sitzt Frau Bäumler. „Guten Tag, Frau Bäumler!" Frau Bäumler macht die Zeitschrift „Märkte". Wir gehen nach rechts. Dann kommt **links** die Marketing-Abteilung und der Vertrieb. Rechts sind Buchhaltung und die IT-Abteilung. **Geradeaus** kommen wir in die Kantine.

5 Frau Bruckner erzählt Herrn Kühne, was sie alles gesehen hat. Schreiben Sie die richtige Form: *haben* oder *sind*, *habe* oder *bin*.

Wir ______________ den Vertrieb gesehen.
Dann ______________ wir den Aufzug genommen.
Wir ______________ plötzlich in den Keller gefahren.
Dann ______________ ich das Erdgeschoss besichtigt.
Das Lager ____________ ich nicht gesehen.
Um 12 ______________ wir in die Kantine gegangen.

6 Ordnen Sie zu.

a Geöffnet:
Dienstag bis Freitag 9 – 18.30 Uhr
Sonnabend 9 bis 13 Uhr
Montag geschlossen

b Geöffnet:
10 – 18 Uhr
Sonnabend 10 – 12 Uhr

c Geöffnet:
Montag bis Freitag 8 bis 20 Uhr
Sonnabend 8 bis 18 Uhr

d Sprechstunde:
Montag bis Freitag
9 bis 12 Uhr
und 16 bis 18 Uhr

e Geöffnet:
7 bis 23 Uhr

f Öffnungszeiten:
Montag bis Mittwoch und Freitag
8.30 – 12.30 Uhr, 14 – 16 Uhr
Donnerstag
8.30 – 12.30 Uhr, 14 – 17.30 Uhr

7 Sprechübung. Was möchten Sie alles sehen? Hören Sie zuerst das Beispiel. Antworten Sie dann.

Beispiel:

Was möchten Sie gern sehen?	(die Redaktion) → *Ich möchte die Redaktion sehen.*
1. Was möchten Sie besichtigen?	(das Brandenburger Tor)
2. Was möchten Sie sehen?	(die Kanäle)
3. Was möchten Sie besichtigen?	(die Stadt)
4. Was möchten Sie besichtigen?	(den Reichstag)
5. Was möchten Sie kennenlernen?	(die Firma)
6. Was möchten Sie sehen?	(das Informationszentrum)

8 Schreiben Sie die Wochentage in den Kalender.

Samstag / Sonnabend / Sonntag / Donnerstag / Dienstag / Freitag / Mittwoch

K A L E N D E R	
4 ■ *Montag*	7 ■
5 ■	8 ■
6 ■	9 ■
	10 ■

Kleine Tipps

***Was mache ich da? Was sage ich?* Lesen Sie den Text.**

Guten Tag und Auf Wiedersehen

Man gibt sich meistens die Hand, wenn man *Guten Tag* sagt oder auch *Auf Wiedersehen*. Aber wann tut man das und wann nicht?
Hände schütteln ist immer etwas förmlich. Geschäftspartner begrüßt man so. Gute Freunde oder Kollegen sehen sich täglich, sie tun es natürlich nicht. Sie sagen *Hallo*, *Guten Tag* oder *Grüß Gott* im Süden, oft auch mit dem Namen, und das ist es.
Bei Festen und Geburtstagen werden auch Freunde und Kollegen förmlich und schütteln sich die Hand.

Mahlzeit

Mittags im Büro hört man sehr oft den Gruß *Mahlzeit*. Man sagt *Mahlzeit* und antwortet mit *Mahlzeit*. Dann geht man in die Kantine oder isst etwas im Büro. Zu Hause oder im Restaurant sagt man es nie, nur bei der Arbeit.
Viele sagen, der Gruß ist nicht besonders elegant. Sie sagen extra immer nur *Guten Tag* oder *Hallo*.

Hilfe! Ich komme zu spät!

In Deutschland ist Pünktlichkeit wichtig. Wer im Geschäftsleben sehr unpünktlich ist, macht einen schlechten Eindruck. Aber manchmal passiert es doch. Dann können Sie anrufen und sagen: *Ich komme leider eine halbe Stunde später* oder Sie entschuldigen sich mit dem Satz: *Tut mir leid, dass ich zu spät komme*.

Haben Sie alles verstanden? Die Übersetzung finden Sie im Arbeitsbuch.

Was ist richtig?

1. ☐ Man schüttelt sich immer die Hand.
☐ Gute Freunde schütteln sich die Hand.
☐ Man schüttelt sich die Hand bei Geburtstagen und Festen.
☐ Geschäftspartner schütteln sich die Hand.

2. ☐ Der Gruß *Mahlzeit* ist „in“.
☐ Mittags kann man *Mahlzeit* sagen.
☐ *Mahlzeit* sagt man nur im Restaurant und zu Hause.
☐ *Mahlzeit* sagt man nur mittags bei der Arbeit.
☐ Der Gruß *Mahlzeit* ist hässlich, sagen viele.

3. ☐ Pünktlichkeit ist in Deutschland wichtig.
☐ Man sagt: Tut mir leid, dass ich zu spät komme.
☐ Man sagt: Ich komme zu spät.
☐ Man sagt: Ich komme leider ein paar Minuten zu spät.

Das Frühstück

1 Ordnen Sie zu.

das Brötchen
die Butter
das Brot
der Tee
das Ei
der Teller
die Tasse

die Marmelade
das Messer
der Löffel
die Gabel
der Käse
das Obst
die Serviette

Hören Sie zu und sprechen Sie nach.

2 Es gibt Frühstück

Claudia: Hast du gut geschlafen, Robert?

Robert: Ja, sehr gut. Wie spät ist es denn?

Claudia: Acht Uhr. Niki ist schon weg. Es gibt gleich Frühstück.
Was möchtest du? Müsli, Brötchen oder Brot, Kaffee oder Tee?

Robert: Keinen Tee, ich mag lieber Kaffee.
Und dann ein Brötchen mit Butter und Marmelade.

Claudia: Eier sind auch da. Magst du ein Ei?

Robert: Ja, gern. Sag mal, Claudia, deine Eltern, wo wohnen die eigentlich?

Claudia: Ganz in der Nähe. Übrigens, meine Schwester ist da. Sie ist gestern aus Sidney gekommen. Sie hat dort ein paar Monate gearbeitet.

Robert: So? Was ist sie denn von Beruf?

Claudia: Regisseurin.

Robert: Interessant!

Claudia: Mein Bruder Ralf geht noch zur Schule. Er wohnt natürlich zu Hause.
Wir besuchen heute meine Eltern. Was meinst du?

Robert: Super, dann lerne ich endlich deine Geschwister kennen.

Übungen – und ein bisschen Grammatik

3 Ergänzen Sie.

Magst du lieber Brot oder ein Br__________?

Wer isst Mü__________? Robert, du?

Isst du Marmelade? – Nein, bitte nur Brot und Bu__________.

Ich brauche einen L__________.

Brauchst du noch einen T__________?

Wo ist mein M__________ und meine G__________?

Hier sind Eier. Magst du ein __________?

Nein, __________ esse ich nicht, aber du isst bestimmt zwei.

4 Schreiben Sie das richtige Wort.

Claudia: Hast du gut ______________ (gearbeitet / geschlafen / gegessen), Robert?

Robert: Ja, sehr gut. Wie __________ (früh / spät / eilig) ist es denn?

Claudia: Acht Uhr. Niki ist schon __________ (weg / da / aus). Es gibt __________ (später / um 11 / gleich) Frühstück.
Was möchtest du? Müsli, Brötchen oder ______________ (Butter / Brot / Marmelade), Kaffee oder Tee?

Robert: Keinen Tee, ich mag lieber Kaffee. Und dann ein Brötchen mit Butter und Marmelade.

Claudia: Eier sind auch da. ______________ (Magst / Möchten / Kennst) du ein Ei?

Robert: Ja, gern.

5 Ergänzen Sie.

__________ du jetzt frühstücken? (möchten)

Was __________ du trinken? (möchten)

Ich __________ heute kein Frühstück. (mögen)

Ich __________ keine Eier. (mögen)

Ich __________ morgens kein Brot. (mögen)

Ich __________ heute in der Stadt frühstücken. (möchten)

Kommst du mit?

> ***mögen***
> Ich **mag** Kaffee.
> **Magst du** lieber Tee?
> **Möchtest** du noch einen Tee?

6 Ergänzen Sie.

Ralf, das ist __________ Bruder.

Wie heißt __________ Schwester?

__________ Schwester heißt Katrin.

Und wie heißen __________ Geschwister?

Wo wohnen __________ Eltern?

__________ Eltern wohnen ganz in der Nähe.

mein und **dein**
mein / dein Bruder
meine / deine Schwester
meine / deine Eltern

7 Sprechübung

Was mögen Sie lieber?
Hören Sie die Frage. Lesen Sie dann die Stichwörter und antworten Sie.
Das Bild gibt die Antwort.

Beispiel:
Was mögen Sie lieber? Kaffee oder Tee? 

→ *Ich mag lieber Kaffee.*

Was mögen Sie lieber?

Kaffee oder Tee?   Zucker oder Milch?

Brot oder Brötchen?   Butter oder keine Butter?

Müsli oder Brot?   Zucker oder keinen Zucker?

8 Das Tagebuch von Robert. Hier fehlen ein paar wichtige Wörter.

früh / Mittag / Geschwister / Eltern / Frühstück

Mittwoch, 25.

Bei Claudia und Niki: Ich habe heute sehr __________ gefrühstückt. Niki habe ich nicht gesehen. Claudia hat ______________ gemacht.
Heute ________ besuchen wir die ________ und ______________ von Claudia.

Wörtersalat

Suchen Sie die Wörter. Wir haben 7 Oberbegriffe. Notieren Sie auch den Artikel.

Frühling | Restaurant | Schule | Tasse | Tourist | Taxifahrer | Zentrum | Zug
Tante | Onkel | Sohn | Mädchen | Aufzug | Junge | Australien | Bahnhof
verheiratet | Großeltern | Bad | Wohnzimmer | Freitag | Sonnabend | Balkon
Spanien | Zimmer | Auto | Milch | Bahn | Regisseur | Donnerstag | Tee
Sommer | Sonntag | Korea | Montag | Polen | Italien | Japan | Eltern | Vater
Europa | Mutter | Asien | Tochter | Deutschland | Wochenende | Mittwoch
Dienstag | Käse | Flughafen | Hafen | Hausfrau | Haltestelle | Hausmann
Flur | Kaffee | Maurer | Marmelade | Maler | Opa | Oma | Arzt

Länder und Kontinente: ______________________________

____

Familie: ______________________________

____

Jahr, Jahreszeit, Woche und Tag: ______________________________

____

Essen und Trinken: ______________________________

____

Berufe: ______________________________

____

Wohnung: ______________________________

____

Stadt: ______________________________

____

Wir besuchen meine Familie

1 Hören Sie, was Claudia erzählt.
Schreiben Sie die Namen in die Skizze.

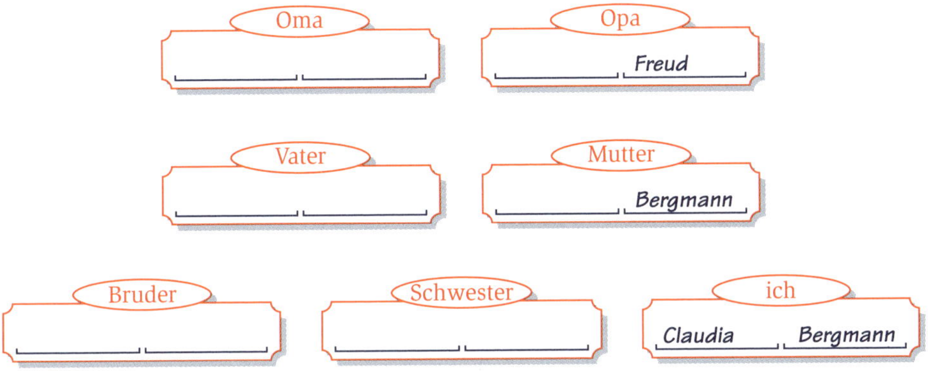

2 Die Familie

Claudia: Hallo, Katrin, lange nicht gesehen.

Katrin: Hallo, Claudia.
Du bist sicher Robert. Claudia hat schon viel von dir erzählt.

Robert: So? Wirklich?

Claudia: Tag, Mama, Tag, Papa. Das ist Robert.

Vater: Wie gefällt Ihnen Berlin, Robert?

Robert: Sehr gut.

Vater: Und woher kennen Sie Claudia und Niki?

Robert: Das war in der Sprachenschule in England. Ich hatte Semesterferien. Da bin ich nach England gefahren und habe Englisch gelernt. Und da waren auch Claudia und Niki.

Vater: Und jetzt sprechen Sie die Sprache perfekt, nicht wahr?

Robert: Nicht perfekt, aber nicht schlecht.

Mutter: Kinder, ihr habt bestimmt Hunger. Ich habe dein Lieblingsessen gekocht, Claudia.

Robert: Was ist denn dein Lieblingsessen?

Claudia: Das siehst du gleich.

Übungen – und ein bisschen Grammatik

3 Wie ist die Reihenfolge?

1 Vater: Wie gefällt Ihnen Berlin, Robert?
Robert: Sehr gut.
Vater: Woher kennen Sie Claudia und Niki?
Robert: Das war in der Sprachenschule in England. Ich hatte Semesterferien. Da bin ich nach England gefahren und habe Englisch gelernt. Und da waren auch Claudia und Niki.
Vater: Und jetzt sprechen Sie die Sprache perfekt, nicht wahr?
Robert: Nicht perfekt, aber nicht schlecht.

2 Claudia: Tag, Mama, Tag, Papa. Das ist Robert.

3 Claudia: Hallo, Katrin, lange nicht gesehen.
Katrin Hallo, Claudia.
Du bist sicher Robert. Claudia hat schon viel von dir erzählt.
Robert: So? Wirklich?

4 Mutter: Kinder, ihr habt bestimmt Hunger. Ich habe dein Lieblingsessen gekocht, Claudia.
Robert: Was ist denn dein Lieblingsessen?
Claudia: Das siehst du gleich.

Reihenfolge: ___ ___ ___ ___

4 Ergänzen Sie.

Wir ____________ in England.
Das ____________ in der Sprachenschule.
Wir ____________ Semesterferien.
Niki und Claudia ____________ auch da.
Wie ____________ das Wetter in England?
____________ ihr Glück?

hatte – war

ich habe – ich ***hatte***
ich bin – ich ***war***

5 Was ist richtig? Markieren Sie.

1. ☐ Katrin ist die Schwester von Claudia.
☐ Sie hat in Amerika gearbeitet.
☐ Sie ist Regisseurin.

2. ☐ Robert kennt Katrin.
☐ Robert hat Katrin in England kennengelernt.
☐ Robert findet eine Regisseurin interessant.

3. ☐ Robert spricht perfekt Englisch.
☐ Robert spricht gut Englisch, aber nicht perfekt.
☐ Robert lernt Englisch.

4. ☐ Robert, Claudia und Niki waren in England.
☐ Sie waren in einer Sprachenschule.
☐ Sie haben Englisch gelernt.

5. ☐ Claudias Mutter hat gekocht.
☐ Sie hat ein Abendessen gemacht.
☐ Sie möchte noch kochen.

6 Wir haben fünf Personen. Wer hat was gesagt?

a. ◯ Tag, Mama, Tag, Papa.
b. ◯ Wie gefällt Ihnen Berlin?
c. ◯ Ihr habt bestimmt Hunger.
d. ◯ Das war in der Sprachenschule in England.
e. ◯ Du bist sicher Robert. Claudia hat schon viel von dir erzählt.

7 Sprechübung
Lesen Sie zuerst das Beispiel und die Stichwörter.
Hören Sie dann die Frage und antworten Sie.

Beispiel:
● Wo warst du denn in den Semesterferien?
▸ (Frankreich – Französisch) → *Ich war in Frankreich und habe Französisch gelernt.*

1. England – Englisch
2. Italien – Italienisch
3. Spanien – Spanisch
4. Holland – Holländisch
5. Deutschland – Deutsch

8 Buchstabensalat

Q	S	W	B	U	Z	M	I	P	Ü
S	P	R	U	L	M	I	Z	O	V
K	A	R	T	O	F	F	E	L	N
W	R	M	T	L	K	N	B	Z	T
Y	G	I	E	Z	I	P	Ü	M	X
W	E	V	R	E	Z	U	A	V	G
H	L	J	K	A	D	L	K	N	C

Suchen Sie das Lieblingsessen von Claudia. ________ mit ________ und ________

Das mögen wir!

Hier sind sechs Zeichnungen. Ordnen Sie die sechs Texte den richtigen Zeichnungen zu.

a. ◯ Deine Lieblingsfilme kommen aus Frankreich, nicht wahr?

b. ◯ Ich nehme den Spargel mit Butter und Kartoffeln.

c. ◯ Dortmunder Bier ist mein Lieblingsbier. – So? Und das Bier aus Bayern?

d. ◯ Sie ist meine Lieblingsschwester.

e. ◯ Ist das dein Lieblingsrestaurant?

f. ◯ Wie heißt die Stadt? Sie hat einen Hafen. Das Wetter ist oft schlecht. Die Leute sind nett und freundlich.

1

2

3

4

5

6

Eine Mail von Robert

**1 Ordnen Sie die Berufe zu.
Was ist er oder sie von Beruf?**

Robert	Regisseurin
Claudia	Student
Claudias Mutter	Schüler
Claudias Vater	Medien-Designerin
Claudias Schwester	Malerin
Claudias Bruder	Controller

2 Robert schreibt eine E-Mail an seinen Freund Jonas

E-Mail

Jetzt senden | Später senden | Anlagen hinzufügen | Signatur | Optionen

Von: robert@klein.de

Betreff: Hallo!

Hallo Jonas,

herzliche Grüße aus Berlin. Ich bin ein paar Tage bei Freunden. Sie heißen Claudia und Niki. Ich glaube, Du kennst sie. Heute haben wir die Familie von Claudia besucht.
Die Eltern sind sehr nett. Claudias Vater ist Ingenieur. Er arbeitet als Controller. Sehr interessant! Claudias Mutter ist Malerin. Sie arbeitet aber auch als Übersetzerin.
Claudias Bruder geht noch zur Schule. Er ist bald fertig.
Die Schwester war auch da. Sie heißt Katrin und ist Regisseurin! Sie hat einen Film in Australien gemacht. Für das Fernsehen. Toll, was?
Was gibt's in München? Alles klar?

Ciao
Robert

Übungen – und ein bisschen Grammatik

3 Beantworten Sie die Fragen.

1. Wo war Robert?

[war] [bei] [Claudias Eltern.] [Er] ______________________________

2. Was ist Claudias Vater von Beruf?

[Er] [Ingenieur.] [ist] ______________________________

3. Was ist Claudias Mutter von Beruf?

[Malerin.] [Sie] [ist] ______________________________

4. Was macht Claudias Bruder?

[Er] [zur Schule.] [geht] [noch] ______________________________

5. Wie heißt Claudias Schwester?

[Katrin.] [Sie] [heißt] ______________________________

6. Wie findet Robert Claudias Schwester?

[sie] [interessant.] [Er] [findet] ______________________________

4 Claudias Familie

Wer ist Jan? – Das ist ______________ Bruder.

Wer ist Katrin? – Das ist ______________.

Wer ist Beatrice Bergmann? – ______________.

Wer ist Helmut Freund? – ______________.

Wer ist Thomas Bergmann? – ______________.

Wer ist Robert Klein? – ______________ Freund.

Claudias Eltern
= die Eltern von Claudia

5 Robert erzählt. Unterstreichen Sie die richtige Form.

Wir *sind/waren* bei Claudias Eltern. Die Eltern *sind/waren* sehr nett. Claudias Vater *ist/war* Ingenieur. Er arbeitet als Controller. Sehr interessant! Claudias Mutter *ist/war* Malerin. Sie arbeitet aber auch als Übersetzerin.
Claudias Bruder geht noch zur Schule. Er *ist/war* bald fertig.
Die Schwester *ist/war* auch da. Sie heißt Katrin und *ist/war* Regisseurin! Sie hat einen Film in Australien gemacht. Für das Fernsehen. Das finde ich toll.

6 Sprechübung – Lesen Sie zuerst die Stichwörter.
Hören Sie die Frage und antworten Sie wie im Beispiel. Sie hören dann die Antwort.

Beispiel:
- Was sind Sie von Beruf?
- ▸ (Ingenieur / Ingenieurin) → Ich bin Ingenieur. / Ich bin Ingenieurin.

1. Lehrer / Lehrerin
2. Designer / Designerin
3. Arzt / Ärztin
4. Student / Studentin
5. Was ist Ihr Beruf?

7 Sprechübung
Antworten Sie wie im Beispiel. Hören Sie dann die Antwort.

Beispiel:
- Was sind Sie von Beruf?
- ▸ (Maler / Übersetzer) → Ich bin Maler / Malerin, aber ich arbeite als Übersetzer / Übersetzerin.

1. Lehrer / Verkäufer
2. Ingenieur / Lehrer
3. Lehrer / Controller
4. Student / Übersetzer
5. Techniker / Taxifahrer

8 *Ich schreibe eine Mail.*
Schreiben Sie eine Mail nach Hause. Setzen Sie die E-Mail aus den Textbausteinen zusammen.

Lieber ... (Anton), Liebe ... (Anna, Eltern), Hallo ...,

herzliche Grüße aus ... viele Grüße aus ...

Ich bin noch im Hotel ...,
aber ich habe bald eine Wohnung.
Ich habe jetzt eine Wohnung.
Ich habe jetzt eine Wohnung gefunden.

Sie ist klein, aber sehr gemütlich.
Sie ist klein und kostet nicht viel.
Sie ist groß und kostet ziemlich viel.
Sie ist sehr klein, aber das reicht.
Sie gefällt mir gut / sehr gut.

Liebe Grüße / Herzliche Grüße

Euer ... (Martin, Philipp ...) / Eure ... (Martina, Laura ...)

Berufe

Wie heißen die Berufe? Notieren Sie auch die männliche bzw. die weibliche Form.

er	fahr	Geschäfts	stein	feger	Haus
frau	mann	Mau	Fri	Schorn	Taxi
Ärzt	in	rer	Leh	Stu	Ver
rer	käufer	sör	dent	Poli	tiker

männlich – weiblich

männlich – weiblich

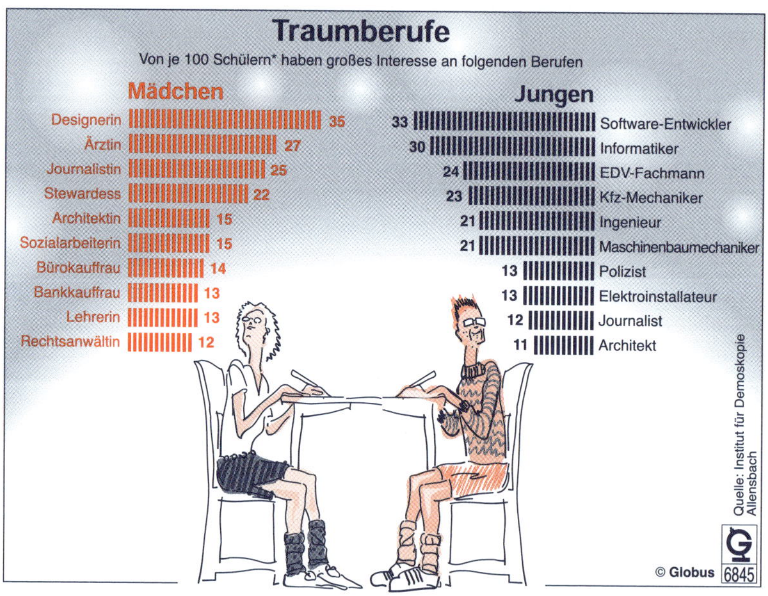

Renate Luscher

Deutsch ganz leicht **A1**

Selbstlernkurs Deutsch für Anfänger

Yeni başlayanlar için kendi kendine Almanca öğrenme kursu

Zweisprachiges Arbeitsbuch

İki dilde çalışma kitabı

Türkische Bearbeitung

Türkçe çeviri

Gökalp Bayramlı, Ayşen Bayramlı

Hueber Verlag

Quellenverzeichnis

Cover: © Getty Images/iStock/RossHelen
S. 37: © Hueber Verlag, München/Heribert Mühldorfer
S. 75: von links © Getty Images/Photodisc/Keith Brofsky; © Hueber Verlag, München/Dieter Reichler; © Hueber Verlag, München/Gerd Pfeiffer; © Hueber Verlag, München/Jens Funke

3. 2. 1. | Die letzten Ziffern
2027 26 25 24 23 | bezeichnen Zahl und Jahr des Druckes.
Alle Drucke dieser Auflage können, da unverändert, nebeneinander benutzt werden.
2. Auflage 2023

Umschlaggestaltung: Sieveking · Agentur für Kommunikation, München
Satz, Layout und Grafik: Martin Lange, Karlsfeld
Illustrationen: Marlene Pohle, Stuttgart
Verlagsredaktion: Hans Hillreiner, Hueber Verlag, München
Druck und Bindung: Friedrich Pustet GmbH & Co. KG, Regensburg
Printed in Germany
ISBN 978-3-19-557481-5

Art. 530_09089_002_01

İçindekiler

Önsöz

Sevgili Almanca öğrenenler,

Siz, kendi kendinize Almanca öğrenme kursu satın aldınız ve 100 milyon insanın anadili olan bu dili öğrenmek istiyorsunuz. Size, hızlı ve sağlam ilerlemeniz ve öğrenme programını en iyi şekilde organize etmeniz için bir kaç ipucu vereceğim.
Siz, bu pakette

1. bir adet iki dilde çalışma kitabı
2. bir adet metin kitabı ve
3. **www.hueber.de/audioservice** web sitesinden mp3 indirme (1–8 arası dersler CD simgesi 1'de, 9–15 arası dersler CD simgesi 2'de)

bulacaksınız.

Çalışma kitabı, kurs boyunca size adım adım kılavuzluk yapacak. Önemli not: Bir sonraki derse geçmeden önce mutlaka çalışma kitabında yer alan talimatları okuyun. Birinci dersi örnek olarak veriyoruz:

T A s. 5/6 + s. 5-7	*Alıştırmalı Diyalog:* Metin kitabı (=T) ve çalışma kitabı (=A) ile paralel olarak çalışın. Çalışma kitabında dinleme metinlerine ait olan ilüstrasyonları ve alıştırma talimatlarının çevirilerini bulabilirsiniz.
A s. 7-8	*Gramer – Yeni Kelimeler – Alıştırmalar:* Çalışma kitabındaki numaralama düzenine göre ilerleyin. Bu kitap, metin kitabında sadece kısa notlarla verilen grameri bütün detayları ile aktarmaktadır.
A s. 9	*Telaffuz:* Ayrıca çalışma kitabında önemli telaffuz sorunlarını ele alan alıştırmalar bulabilirsiniz.
T A s. 8 + s. 9	*Kültür Bilgisi:* Metin kitabında her dersin son sayfasında sizi rahatlatan bir alıştırma yapacaksınız; ya bir bulmaca çözeceksiniz ya da bir oyun oynayacaksınız. İlgili çeviri ve açıklamalar, çalışma kitabında yer alıyor.
A s. 10	*Test:* Ders sonundaki test, size devam etmenizi ya da dersi tekrar etmenizi söyler.

Çalışma kitabının ekinde bütün cevaplar ve sözlük bulunuyor. Bir kelimeyi anlamıyorsanız veya unuttuysanız lütfen sözlüğe bakın. Böylece en hızlı şekilde öğrenirsiniz. Kurs sonunda aşağı yukarı 900 kelime biliyor olacaksınız. Günlük hayatta rahat iletişim kurabilecek, telefon edebilecek ve basit mektup yazabilecek kadar Almanca öğrenmiş olacaksınız.

Şimdi iyi eğlenceler! Ve küçük bir tavsiye daha: Almanca'nın zor bir dil olduğunu iddia edenlere kulak asmayın. Size aksini ispatlayacağız!

Renate Luscher

Guten Tag oder Hallo! – İyi günler veya merhaba!

Dört kişi - Jürgen Heinrich, Chris Bruckner, Rob Klein ve Claudia Bergmann size bu dil kursunda eşlik edecekler. Birinci dersin başında Berlin'de hava alanında ve istasyondayız. Chris Bruckner Münih'ten geliyor ve Berlin'de bir iş randevusu var. Robert, Berlin'i görmek istiyor. Claudia onu istasyonda karşılıyor.
Birinci derste selamlaşmayı ve vedalaşmayı, *du* ve *Sie* arasındaki farkı ve bir kişiyi bir başkasına tanıştırmayı öğreniyorsunuz.

1 *Düzene koyun.*
Birinci diyaloğa hazırlık olarak lütfen metin kitabındaki birinci alıştırmayı yapınız: Guten Tag *gün boyunca kullanılabilen bir selamlaşma ifadesidir. Arkadaşlar arasında çoğunlukla sadece* Hallo *kullanılır.*

Guten Morgen!	*Günaydın!*
Guten Abend!	*İyi akşamlar!*
(Gute Nacht!)	*(İyi geceler!)*
Auf Wiedersehen!	*Allaha ısmarladık!*
Tschüs!	*Hoşçakal!*

2 Bunlar Jürgen Heinrich, Chris Bruckner, Robert ve Claudia 1|1

1A

→ *Bu dördünün nasıl selamlaştığını dinleyin. Bayan Bruckner ve bay Heinrich tanışmıyorlar, fakat Robert ve Claudia elbette tanışıyorlar. Konuşmayı en az iki defa dinleyin.*
→ *Diyaloğu metin kitabında okuyunuz.*
→ *Dinleyin ve aynı anda diyaloğu okuyun.*
→ *Şimdi vurgulu hecelerin altını çizin.*

Guten Tag. Sind Sie Herr Heinrich?
Ja, das bin ich.
Mein Name ist Bruckner, Chris Bruckner.
Guten Tag, Frau Bruckner. Herzlich willkommen.

→ *Sonra diyaloğu yüksek sesle ve yaptığınız işaretlemeye uygun şekilde okuyun.*
→ *Kelime listesine bakın. Kelime ve cümlelerin anlamlarını ezberlemeye çalışın.*

Guten Tag,	*İyi günler,*
sind Sie Herr Heinrich?	*Siz bay Heinrich misiniz?*
Ja, das bin ich.	*Evet, benim.*
Ja	*Evet*
ich bin	*benim*
Mein Name ist Bruckner.	*Benim adım Bruckner.*

Frau Bruckner	*Bayan Bruckner*
Guten Tag, Frau Bruckner.	*İyi günler, bayan Bruckner.*
Herzlich willkommen.	*Hoşgeldiniz.*

1|2

1B

→ *Diyaloğun ikinci bölümünü dinleyin.*
→ *Diyaloğu, metin kitabında okuyunuz.*
→ *Dinleyin ve aynı anda diyaloğu okuyun.*
→ *Şimdi vurgulu hecelerin altını çizin.*

Hallo, Rob.
etc.

→ *Diyaloğu, yaptığınız işaretlemeye uygun şekilde okuyun.*
→ *Sonra kelime listesine bakın.*

Hallo, Rob/Claudia.	*Merhaba, Rob/Claudia.*
Wie geht's dir/Ihnen?	*Nasılsın?/Nasılsınız?*
Danke, gut.	*Teşekkürler, iyiyim.*

1|3

3 *Dinleyin. Sıralama nedir?*

4 *Birbirine uygun olanlar hangileridir?*
Her cevap bir ifadeye aittir. Soruyla cevabı eşleştirin.

5 *Tamamlayın.*
Sie *ve* du *kullanılan selamlaşmaları tamamlayın.*

!

Sie veya *du*?
Konuşma sırasında *Sie* veya *du* kullanıyorsunuz.
Akrabalar ve arkadaşlarla konuşurken *du* kullanılır; ayrıca öğrenciler de kendi aralarında *du* hitabını kullanır. Bazen işyerlerinde meslektaşlar birbirlerine *du* diye hitap edebilir, özellikle gençler. Bu hem sektöre, hem de şirket içindeki konuma bağlıdır. *Sie*, yakından tanışmayan insanlar için uygun olan nazik bir hitap şeklidir.

6 *Tamamlayın.*
Sein kelimesinin biçimleri ile tamamlayın. Bunlar çok önemli. Ne yazık ki sein kelimesinin bütün biçimleri düzensiz.

1|4

7 *Hangisi uyuyor? Dinleyin ve işaretleyin.*

8 *Hangisi uyuyor? Yazın.*

Şimdi biraz gramer çalışıyoruz (gramer = Grammatik*; alıştırmalar =* Übungen*). Bu aynı zamanda kelime haznenizi de genişletir. (yeni kelimeler =* Neue Wörter*).*

sein (olmak): Sie sind – du bist (-siniz – -sin)

Singular	1. Person	ich	**bin**	
	2. Person	du	**bist**	aus München, Berlin,
	3. Person	er/sie	**ist**	Köln, Stuttgart ...
Plural	1. Person	wir	**sind**	
	2. Person	ihr	**seid**	
	3. Person	sie/Sie	**sind**	

	Sie/Sie	du/ihr
Singular	Sind Sie aus ...? (= Herr Heinrich)	Bist du aus ...? (= Robert)
Plural	Sind Sie aus ...? (= Herr und Frau Heinrich)	Seid ihr aus ...? (= Robert und Claudia)

9 *Düzene koyun.*

Das bin | Das ist | Das sind | Das seid

10 *Eksik olan fiileri yazın.*

Ich ______________ aus Barcelona.

______________ Sie aus Rom?

______________ du aus Warschau?

Herr Heinrich ________ aus Berlin.

Wir ______________ aus Moskau.

______________ ihr aus London?

______________ Sie aus Rio?

11 *Wie geht's dir?*
Üç resim görüyorsunuz. İnsanlar konuşuyor. Acaba nasıl selamlaşıyorlar? Doğru selamlaşma şeklini seçin.

Grüß Gott.

[Grüß Gott.] [Danke, Frau Müller.] [Tag auch.] [Wie geht's?]

Hallo, Claudia, hallo, Evelyn, wie geht's?

[Grüß Gott, Nina.] [Gut, und dir?] [Aha.]

Grüezi.

[Grüezi, Nina.] [Servus.] [Gut, und dir?]

1|5 *Diyalogları dinleyin ve cevaplarınızı kontrol edin.*

12 *Tekrarlıyoruz.*
Bu ifadeleri aklınızda tutun. Daha doğrusu ezberleyin.

Birisine selam vermek / kendini tanıtmak

Resmi

Guten Tag, Frau/Herr + Nachname	*İyi günler, bayan/bay + soyadı*
Mein Name ist ... (Bruckner/Heinrich).	*Benim adım ... (Bruckner/Heinrich).*
Ich bin ... (Chris Bruckner/Jürgen Heinrich).	*Ben ... (Chris Bruckner/Jürgen Heinrich).*
Ich heiße ... (Bruckner/Heinrich).	*Adım ... (Bruckner/Heinrich).*
Wie geht es Ihnen?	*Nasılsınız?*
Danke, gut. (Und Ihnen?)	*Teşekkürler, iyiyim. (Ya siz?)*

! Burada bir öğrenme tavsiyesi: *Mein Name ist* ... ifadesi oldukça resmidir. Bu ifadeyi sadece soyadı ile birlikte kullanın; örneğin: *Mein Name ist Bruckner.* Daha sık kullanılan ve daha az resmi olan ifade şu şekildedir: *Ich heiße* ..., örneğin: *Ich heiße Chris* veya: *Ich heiße Bruckner.* Şu ifade uygun değildir: *Ich heiße Frau Bruckner.*

Resmi olmayan

Hallo + Vorname	*Merhaba + İsim*
Ich bin ... / Ich heiße ...	*Ben ... / Adım ...*
Wie geht's? Wie geht's dir?	*Ne haber? Nasılsın?*
Danke, gut. (Und dir?)	*Teşekkürler, iyiyim. (Ya sen?)*

Birini tanıştırmak

Das ist Herr Berger.	*Bu, bay Berger.*
Guten Tag, Herr Berger. Ich bin Klaus Nagel.	*İyi günler, bay Berger. Ben Klaus Nagel.*

13 *Dinleyin ve tekrar edin.*
Bu kelimeleri ve cümleleri biliyorsunuz. Konuşmacının vurgu ve telaffuzunu mümkün olduğu kadar taklit etmeye çalışın.

1|6

Bruckner	Frau Bruckner	Guten Tag, Frau Bruckner.
Heinrich	Herr Heinrich	Guten Tag, Herr Heinrich.
Mein Name	Mein Name ist …	Mein Name ist Bruckner.
Ich	Ich heiße …	Ich heiße Heinrich.
Willkommen	Herzlich willkommen	Herzlich willkommen, Frau Bruckner.
Wie	Wie geht's?	Wie geht's Ihnen?
Danke	gut	Danke, gut.

14 *Alfabe*
Şimdi alfabenin harflerini çalışıyoruz. Dinleyin ve tekrar edin. Konuşmacının vurgu ve telaffuzunu mümkün olduğu kadar taklit etmeye çalışın.

1|7

Aa	e**F**	**K**a	**O**o	e**S**	**W**e
Be	**G**e	e**L**	**P**e	**T**e	i**X**
Ce	**H**a	e**M**	**Q**u	**U**u	**Y**psilon
De	**I**i	e**N**	e**R**	**V**au	**Z**et
Ee	**J**ot				

15 *Özel sesler*
Almanca'da bir kaç özel ses vardır – noktalı harfler ä, ö, ü, *ve* ß (= eszet). *Aşağıdaki kelimeleri tekrarlayın ve konuşmacıyı mümkün olduğu kadar taklit edin.*

1|8

Ö ö	schön *(güzel)*
Ü ü	Glück *(şans)*
Ä ä	Geschäft *(dükkan; iş)*
ß	ich heiße *(benim adım)*

Şimdi kendi isminizi harf harf söylemeye çalışın. Kesinlikle başaracaksınız!

Ülke Bilgisi (Metin Kitabı sayfa 8)

1|9

Sizin için Kuzey ve Güney Almanya, Avusturya ve İsviçre'den selamlaşma ve vedalaşma kelimelerini bir araya getirdik. Tabii ki bölgelerde bu kelimelerden çok daha fazlası var. Fakat bunlar sıklıkla duyulanlar.

Auf Wiedersehen.	Hoşçakal.
Tschüs.	Hoşçakal.
Adieu.	Hoşçakal.
Ciao.	Hoşçakal.

Dinleyin ve karşılaştırın.

Kelimeler

1. Doğru çeviriyi işaretleyin.

1. Guten Tag.
☐ Merhaba.
☐ İyi günler.
☐ Günaydın.

2. Guten Morgen.
☐ Merhaba.
☐ İyi günler.
☐ Günaydın.

3. Hallo.
☐ Merhaba.
☐ Günaydın.
☐ Selam.

4. Wie geht's Ihnen?
☐ Neredensiniz?
☐ Nasılsınız?
☐ Kimsiniz?

5. Danke, gut.
☐ Teşekkürler, iyiyim.
☐ Ve sen de.
☐ Görüşürü

6. Auf Wiedersehen.
☐ Hoşgeldiniz.
☐ Hoşçakal.
☐ Merhaba.

2. Tamamlayın.

1. Gute ____________!
2. Auf ____________!
3. ____________ Tag!
4. ____________ Abend!
5. ____________ Morgen!
6. Tsch____________!

Gramer

3. sein *kelimesini kullanarak tamamlayın.*

1. ich ____________
2. du ____________
3. er ____________
4. sie (= Claudia) ____________
5. Das ____________ Robert.
6. ____________ Sie Herr Bermann?
7. ____________ Sie Frau Bergmann?
8. ____________ Sie Herr und Frau Bergmann?

4. Tamamlayın.

1. Ich ____________ Julia.
2. ____________ du Erik?
3. ____________ Sie Herr Schmidt?
4. Ich ____________ Wolfgang Schmidt.
5. Mein Name ____________ Berger.
6. Das ____________ Herr Berger.

Sonuçlarınızı bu kitabın sonunda bulunan cevap anahtarı ile karşılaştırın. Sonra puanlarınızı toplayın.

Toplam:		
	1 - 13	Devam etmeden önce bu dersi tekrar etmenizi özellikle tavsiye ediyoruz.
	14 - 22	Fena değil, fakat henüz mükemmel değil. Lütfen diyalogları ve grameri tekrarlayın.
	23 - 26	Harika. Sonraki derse geçin.

Woher kommen Sie? – Nerelisiniz?

Şirkete giderken bay Heinrich bayan Bruckner'i otele bırakıyor. Yolda ikisi hakkında biraz daha bilgi öğreniyoruz.
Birini tanımak için sorular sorulup cevaplar verilmesi lazım. Bundan dolayı Ders 2'de bir sorunun nasıl sorulduğunu öğreneceğiz. Bu, Almanca'da çok kolay.

1 *Konuşmaya hazırlık olarak haritaya bakıyoruz (Metin Kitabı sayfa 8). Berlin, Münih, Viyana vs. şehirlerini arayın. Yüksek sesle Da ist ... deyin. Bu şehirlerden üç tanesi diyalogda da geçiyor.*

2 Bay Heinrich ve bayan Bruckner arabada

1|10

→ *Şimdi bay Heinrich ve bayan Bruckner arasındaki konuşmayı dinleyin.*
→ *Konuşmayı en az iki kere dinleyin.*
→ *Metin kitabında diyaloğu okuyun.*
→ *Dinleyin ve aynı zamanda diyaloğu okuyun.*
→ *Şimdi vurgulu hecelerin altını çizin.*

Sind Sie aus Berlin, Herr Heinrich?
etc.

→ *Diyaloğu yüksek sesle yaptığınız işaretlere göre okuyun.*
→ *Sonra kelime listesine bakın. Kelime ve cümlelerin anlamlarını ezberlemeye çalışın.*

Sind Sie ...?	*... -misiniz?*
aus Berlin	*Berlin'den.*
Kommen Sie ...?	*... geliyor musunuz?*
Wohnen Sie ...?	*... oturuyor musunuz?*
Leben Sie ...?	*... yaşıyor musunuz?*
Ja, klar.	*Evet, tabii.*
Und Sie,	*Ya siz,*
woher kommen Sie?	*nerelisiniz?*
Aus Österreich,	*Avusturya'dan,*
ich bin aus Wien.	*Viyana'danım*
aber	*fakat*
ich lebe	*yaşıyorum*
ich komme	*geliyorum*
ich kenne	*biliyorum*
in München	*Münih'te*
schon lange	*uzun zamandan beri*
Sind Sie gern in ...?	*... de bulunmaktan hoşlanıyor musunuz?*
sehr gern	*memnuniyetle*
ich wohne	*oturuyorum*

schon fünf Jahre	*beş yıldan beri*
dort	*orada*
Kennen Sie ...?	*... tanıyor musunuz?*
Ja, aber nicht gut.	*Evet, fakat iyi değil.*

3 *Fiili işaretleyin.*

1|11

4 *Uygun olan hangisidir?*
Şimdi metni tekrar dinleyip cevaplarınızı kontrol edin.

5 *Chris Bruckner'e sorulan sorular. Doğru cevapları işaretleyin.*

6 *Cevap verin. Hangisi doğru?*

1|12

7 *Biz soruyoruz – Siz cevap veriyorsunuz*
Birisinin size samimi bir şekilde nasıl olduğunuzu sorduğunu düşünün. Dinleyin, cevap bulun ve yüksek sesle söyleyin.

!

Na ja deyince çok iyi olmadığınızı hemen anlarlar.
Ach ile başlayınca, hiç de iyi olmadığınızı ifade etmek istiyorsunuz.

8 *Fiilleri yazın.*
Sie-*li fiil çekimi her zaman mastar şeklindedir.*

Yazın. Soru/cevap nedir?

lebt · Pierre · Paris · in	______________________ ?
in · Paris · ja · er · lebt	______________________ .
aus · Paris · er · ist	______________________ .
kennen · Paris · Sie	______________________ ?
nicht · ja · gut · aber	______________________ .
kenne · London · ich · gut	______________________ .

Gramer ile ilgili açıklamalarda gerektiğinde Almanca ve Türkçe arasındaki farklar hakkında ipuçları vereceğiz.

Şimdiki zamanda fiiler – Verben im Präsens

Singular	1. Person	ich	komm**e**	aus München, Berlin, Köln, Stuttgart …
	2. Person	du	komm**st**	
	3. Person	er/sie	komm**t**	
Plural	1. Person	wir	komm**en**	
	2. Person	ihr	komm**t**	
	3. Person	sie/Sie	komm**en**	

- Her şahıs zamirinin (*ich, du, er* vs.) kendi son eki vardır. Fakat bazen son ekler aynıdır. (*wir kommen, sie kommen*).
- "*kommen*" ile aynı son eke sahip olan fiiller: *kennen, leben, wohnen, heißen* (Dikkat: *du heißt*)
- Mastar *-(e)n* ile biter. Bu şekliyle sözlükte de bulabilirsiniz. Bu biçimi emirlerden de tanıyorsunuz: *Hören Sie. Schreiben Sie* vs.

9 *Mastarların altını çizin.*

bist | heiße | sein | kenne | seid | lebe | wohnen

lebt | kennst | komme | heißen | wohnt | kennen

10 *Biçimleri ekleyin.*

		kennen	leben	wohnen	heißen
Singular	ich	kenne	lebe	wohne	
	du		lebst		heißt
	er/sie	kennt	lebt		heißt
Plural	wir	kennen	leben		heißen
	ihr		lebt	wohnt	heißt
	sie/Sie	kennen		wohnen	

11 heißen *ile tamamlayın.*

Ich heiße ______________ ______________ (= Ihr Name).

Wie ______________ du?

Er ______________ Boris.

Wie ______________ Sie? Neumann?

Wir ______________ Knut und Boris.

Wie ______________ ihr?

Karla und Fritz ______________ Sauter.

Soru kelimesi olan ve olmayan sorular – Fragen mit und ohne Fragewort

Soru kelimesi olan ve olmayan sorular vardır. *Woher* bir soru kelimesidir.

Woher **kommen Sie**?	–	**Aus** Berlin/England/Italien.
Woher **kommst du**?	–	**Aus** München/Polen/Frankreich.
Kommen Sie aus Italien?	–	Ja, ich komme **aus** Italien.
Kommst du aus Polen?	–	Nein, ich komme **aus** Frankreich.

Almanca'da soru sormak çok kolay. Sadece özne ile fiilin yerini değiştirin. Böylece örneğin *"Sie kommen"* den *"Kommen Sie?"* sorusu oluyor.

12 *Sorular ve cevaplar. Doğru fiil biçimini boşluğa yazın.*

Woher _____ (kommen) Andrea?
Aus Berlin. Sie _____ (kommen) aus Berlin.

_____ (leben) Pierre in München?
Nein, in Paris. Pierre _____ (leben) in Paris.

Woher _____ (kommen) Graziella und Paolo? Aus Verona?
Ja, sie _____ (kommen) aus Verona.

_____ (wohnen) Juan auch in Verona?
Nein, Juan _____ (wohnen) in Madrid.

_____ (kennen) Sie Warschau?
Ja, ich _____ (kennen) Warschau gut.

_____ (wohnen) Elsbeta in Warschau?
Ja, sie _____ (wohnen) in Warschau.

13 *Tekrar ediyoruz.*
Bu ifadeleri aklınızda tutun. En iyisi ezberleyin.

Birine nereden geldiğini sormak

Woher sind/kommen Sie? Woher bist/kommst du?	*Nerelisiniz? Nerelisin?*
Ich bin/komme aus … (Berlin/München/Österreich).	*(Berlin/Münih/Avusturya) …'denim.*
Aus … (Berlin/München/Österreich).	*(Berlin/Münih/Avusturya) …'den.*
Sind Sie aus … (München/Österreich)?	*(Münih/Avusturya) …'den misiniz?*
Bist du aus … (München/Österreich)?	*(Münih/Avusturya) …'den misin?*
Ja, ich bin aus …	*Evet, …'denim.*
Nein, ich bin aus …	*Hayır, …'denim*
Leben/Wohnen Sie in … (Berlin/München)?	*(Berlin/Münih) …'de mi yaşıyorsunuz?*
Ja, ich lebe/wohne in …	*Evet, …'de yaşıyorum/oturuyorum.*
Nein, ich lebe/wohne in …	*Hayır, … 'de yaşıyorum/oturmuyorum*
Ich bin schon fünf Jahre in …	*Beş seneden beri …'deyim*
Kennen Sie … (Berlin/München)?	*(Berlin/Münih) …'i tanıyor musunuz?*
Ja, aber nicht gut.	*Evet, ama iyi değil.*

14 *Dinleyin ve tekrar edin.*
Kelime ve cümleleri biliyorsunuz. Konuşmacının vurgu ve telaffuzunu mümkün olduğu kadar taklit etmeye çalışın. 1|13

Aus Berlin.	Sind Sie aus Berlin?
Aus Wien.	Ich bin aus Wien.
In München.	Aber ich lebe in München.
schon fünf Jahre	Ich wohne schon fünf Jahre dort.
kennen	Kennen Sie Berlin?
nicht gut	Ja, aber nicht gut.

15 *Dinleyin ve tekrar edin. Bunlar şehir ve ülke isimleri:* 1|14

Zürich	Leipzig	Salzburg
Frankfurt	Hamburg	Augsburg
Berlin	Wien	Paris
Köln	Bern	Graz
Deutschland	Österreich	die Schweiz

16 a. *Dinleyin.*
Üç genç insan – Nina, Achim ve Christian – selamlaşıyor. 1|15

Nina: Hallo, ich bin Nina, und du?
Achim: Ich heiße Achim. Hallo!
Nina: Kommst du auch aus Berlin?
Achim: Nein, aus München, ich bin schon lange in München.
Christian: Ich bin Christian.
Achim: Tag, Christian.
Christian: Tag.
Achim: Woher bist du?
Christian: Aus Hamburg.
Achim: Aha.

16 b. *Diyaloğu şimdi ikinci kez dinleyin, cümleleri tek tek tekrar edin. Konuşmacının vurgusunu mümkün olduğu kadar taklit etmeye çalışın* 1|16

Ülke Bilgisi - Şehir Bulmacası (Metin Kitabı sayfa 12)

Berlin ve Viyana başkentleri dışında bunlar da önemli şehirler. Haritada nerede olduklarını görüyorsunuz.
Auerbachs Keller: Dünyanın en meşhur 10 restoranından birisi. Goethe'nin Faust eserinden dolayı meşhur oldu.

Şehrin adı nedir?
Şehrin adını not edin.

Kelimeler

1. *Doğru çevirileri işaretleyin.*

1.
Wie geht's?
☐ Nasılsın?
☐ Nerelisin?
☐ Nasılsınız?

2. (Kommen Sie aus Berlin?)
– Ja, klar.
☐ Evet, Berlin'denim.
☐ Evet, tabii.
☐ Gerçekten mi?

3. (Sind Sie Herr/Frau ...?)
– Ja, das bin ich.
☐ ... benim
☐ Evet, benim.
☐ Evet, lütfen.

2. *Doğru çeviriyi yazın.*

1. gelmek ______________________
2. yaşamak/oturmak ______________________
3. adı olmak ______________________
4. varolmak ______________________
5. bilmek ______________________

[kennen] [kommen] [leben/wohnen] [heißen] [sein]

Gramer

3. *Doğru biçimin altını çizin.*

1. Kommst du auch [in] [aus] [im] Berlin?
2. [Kommst] [Kommen] [Kommt] Sie aus England?
3. Ich [wohne] [leben] [komme] schon lange in München.
4. Und woher kommen [Sie] [er] [ich] ?
5. [Kennst] [Kennen] [Kenne] Sie Hamburg?
6. [Kommt] [Kommen] [Kommt] Sie auch aus Norddeutschland?

4. *Soru nedir?*

1. [Sie] [kommen] [woher] ______________________?
2. [Sie] [aus Hamburg] [sind] ______________________?
3. [in München] [wohnen] [Sie] ______________________?
4. [Berlin] [Sie] [kennen] ______________________?
5. [Sie] [sind] [Herr Müller] ______________________?
6. [geht es] [wie] [Ihnen] ______________________?

Sonuçlarınızı bu kitabın sonunda bulunan cevap anahtarı ile karşılaştırın. Sonra puanlarınızı toplayın.

Toplam:		
	1 – 10	Bu dersi tekrar etmenizde fayda var.
	11 – 17	Fena değil. Fakat diyaloglara ve gramere tekrar bakmanız yararlı olabilir.
	18 – 20	Harika! Eğer isterseniz kelimeleri tekrar edebilirsiniz. Yoksa devam edin.

Im Hotel – Otelde

Bayan Bruckner otelde kayıt yaptırıyor. Kayıt formunu doldurmalı ve kişisel bilgilerini yazmalı. Bu derste isimler hakkında bir çok şey öğreneceksiniz. Almanca'da bütün isimlerin büyük harfle başlamaları dikkat çekicidir. Cümlenin ortasında da isimler büyük yazılır. Elbette özel isimler de büyük yazılır: ***M**ein **N**ame ist **M**üller.*

1 *Eşleştirin.*
Bu derse hazırlık olarak lütfen 1 numaralı alıştırmayı yapın. Burada kişisel bilgiler verilirken kullanılan önemli isimler bir araya getirildi. Kelimeleri eşleştirin.
Kolay olmasını istiyorsanız, aşağıdaki çeviri alıştırmasından başlayın. Lütfen kelimelerle çevirileri eşleştirin.

der Name	Soyad
der Vorname	Ad
der Geburtsort	Doğum yeri
die Adresse	Adres
der Ort	Şehir
die Postleitzahl	Posta kodu
die Straße	Cadde
das Land	Ülke
die Unterschrift	Imza

2 Otelde kayıt
Bu, bayan Bruckner'in kartviziti. Önce kelimeleri dinleyin sonra otel kaydını doldurun. 1|17

3 *Adınız ne? Otel kaydınızı doldurun.*
Şimdi siz otel müşterisisiniz.

4 *Soru ve cevap. Hangileri uyuyor?*
Belki resepsiyondaki bayan sizin kişisel bilgilerinizi istedi. Soruları, kayıt forumundaki bilgilerle çizgi çizerek eşleştirin.

5 *Hangileri birbirlerine ait? İsmi artikeli ile yazın. Bütün isimlerin artikelleri vardır. Almanca'da üç değişik artikel var:* der, die, das.

İsimleri hep artikeli ile beraber öğrenin. *Name* yerine *der Name* öğrenin. Bu sizi bir çok hatadan koruyacaktır.

6 *Kelime nedir?*
Bunun için iyi bir hafıza gerekli. Bu yüzden şimdi bir bulmaca ile biraz rahatlıyoruz.

7 *Bir Form - Doldurun.*

Familienname *soyad* ____________ Vorname/Vornamen *ad/adlar* ____________

Geburtsname *kızlık soyadı* ____________ Geburtsland *doğduğunuz ülke* ____________

Geburtsdatum *doğum tarihi* Tag *gün* ______ Monat *ay* ______ Jahr *yıl* ______

Familienstand *medeni hal* ☐ ledig *bekar* ☐ verheiratet *evli* ☐ geschieden *boşanmış*

Geschlecht *cinsiyet* ☐ männlich *erkek* ☐ weiblich *kadın*

Nationalität *uyruk* ____________

Platz *yer* ______ Nummer *Numara* ______ Stadt *Şehir* ______

Pass-Nummer *pasaport numarası* ____________ Ausweis-Nummer *kimlik numarası* ____________

Datum *tarih* ____________

8 *Hangileri birbirine aittir?*
Çizgiler çizin.

9 *Adınızın ne olduğunu, nereden geldiğinizi ve nerede oturduğunuzu yazın.*
Cümleyi yüksek sesle okumayı da deneyin. Kesinlikle bir kere size soracaklar.

10 aus *ve* in
aus *ve* in *belli fillerle birlikte kullanılır. Uygun edatları ekleyin.*

Ülke isimlerinde hata yapmamak için dikkat edilecek bazı hususlar var.

Ländernamen – Ülke isimleri

artikelsiz	artikelli		
	der	die	çokluk
China	der Libanon	die Schweiz	die Niederlande
Japan	der Sudan	die Türkei	die USA
Österreich	(der) Irak		
Polen	(der) Iran		
Spanien	(der) Jemen		
Deutschland usw.			

Çoğu ülke isminde artikel yoktur. En iyisi istisnaları öğrenin.

11 *Tamamlayın.*
Çok sayıda ülke ismi -ien *ile bitiyor. Sizin ülkeniz ona dahil mi? İsimlerin Türkçesini yan tarafa yazın.*

Arg _ _ _ _ _ ien ____________

Austr _ _ ien ____________

Bel _ _ en ____________

Bra _ _ _ ien ____________

Bul _ _ rien ____________

Groß _ _ _ _ _ _ _ nien ____________

I _ dien ____________

Ind _ _ esien ____________

Ita _ ien ____________

Kro _ _ _ en ____________

Molda _ ien ____________

Rum _ nien ____________

Sl _ _ enien ____________

Woher kommen Sie/kommst du? – **Aus** Österreich/Deutschland/Spanien/Russland/Japan/Australien.
Aber: **Aus der** Schweiz/**Aus den** USA.
Aus (dem) Irak/**Aus (dem)** Iran/**Aus dem** Sudan.

Wo wohnen Sie/wohnst du? – **In** Österreich/Deutschland/Spanien/Russland/Japan/Australien.
Aber: **In der** Schweiz/**In den** USA.
Im/In Irak/**Im/In** Iran/**Im** Sudan.

12 *Ülke ismini tamamlayın.*
İsimden kişinin nereden geldiğini anlayacaksınız.

Woher kommt ...

... Tatjana? Aus R _ _ _ land.

... Michel? Aus F _ _ _ _ reich.

... Susan? Aus den _ _ _ .

... Paul? Aus _ _ _ _ _ _ _ _ _ _ _ _ _ .

... Urs? Aus der _ _ _ _ _ _ _ _ .

... Eri Enaba? Aus J _ _ _ _ .

1|18

Rakamlar – Zahlen

0 null **3** drei **6** sechs **9** neun
1 eins **4** vier **7** sieben **10** zehn
2 zwei **5** fünf **8** acht

13 *O'dan başlayın ve 10'a gelene kadar sonraki rakama doğru çizgi çizin.Sonra rakamları doğru sırada yazın.*

Ziel: 10

7 1 3

Start: 0

9 8

4 2

6 5

null ______ ______ ______ ______ ______ ______

______ ______ ______ ______ ______

1|19

14 *Posta kodlarını not edin. Sonra dinleyin ve karşılaştırın.*

sieben null eins neun null _ _ _ _ _ Stuttgart
acht null acht null fünf _ _ _ _ _ München
sieben sechs eins drei sieben _ _ _ _ _ Karlsruhe
sechs null drei eins drei _ _ _ _ _ Frankfurt am Main
sechs neun eins eins acht _ _ _ _ _ Heidelberg
zwei null eins vier drei _ _ _ _ _ Hamburg

1|20

15 *Tekrar ediyoruz.*
Bir kaç önemli soru ve cevap burada:

Entschuldigung, ich habe eine Frage.	*Afedersiniz. Bir sorum var.*
Was bedeutet das?	*Bunun anlamı nedir?*
Was bedeutet das Wort?	*Kelimenin anlamı nedir?*
Was bedeutet der Satz?	*Cümlenin anlamı nedir?*
Wie heißt das auf Deutsch?	*Buna Almanca'da ne denir?*
Bitte buchstabieren Sie.	*Lütfen harf harf söyleyin.*
Bitte langsam.	*Lütfen yavaş.*
Bitte sprechen Sie langsam.	*Lütfen yavaş konuşun.*
Bitte sprechen Sie nicht so schnell.	*Lütfen bu kadar yüksek sesle konuşmayın.*
Bitte wiederholen Sie.	*Lütfen tekrar edin.*

16 *Dinleyin ve tekrar edin.*
Kelime ve cümleleri biliyorsunuz. Konuşmacının vurgu ve telaffuzunu mümkün olduğu kadar taklit etmeye çalışın.

1|21

Woher	Woher kommst du?
Wo	Wo bist du geboren?
Wo	Wo wohnst du?
Wie	Wie heißt du?
Wie	Wie geht's dir?
Was	Was ist das?

17 *Dinleyin ve tekrar edin.*
1 ve 10 arası rakamlar: rakamları sayfa 20'da bulabilirsiniz.

1|22

18 *Akıllı kafalar için.*
İyi kombinasyon yapabiliyor musunuz? İşte size fırsat. Bir sırada olan dört rakamı okuyun ve sonraki rakamı ekleyin.

eins	zwei	drei	vier	________
zehn	acht	sechs	vier	________
acht	sieben	sechs	fünf	________
eins	drei	fünf	sieben	________

19 *Posta kodları. Soruyu tekrar edin.*

1|23

Wo ist 20103?	Das ist in Hamburg.
Wo ist 69317?	Das ist in Frankfurt.
Wo ist 69118?	Das ist in Heidelberg.
Wo ist 10117?	Das ist in Berlin.
Wo ist 80637?	Das ist in München.

Ülke Bilgisi (Metin Kitabı Sayfa 16)

1|24

Yabancı gibi görünen bir kişi çoğu kez yabancı değildir. Almanya'da doğmuş ve Alman pasaportuna sahiptir.

Gazeteci ne diyor? Adam ne diyor?
Diyaloğu yazın.

Şimdi dinleyin. Cevapları karşılaştırın.

Kelimeler

1. *Doğru çeviriyi işaretleyin.*

1. Wie ist Ihr Name?
- ☐ Nasılsın?
- ☐ İsminiz nedir?
- ☐ İsmini söyle.

2. Wo sind Sie geboren?
- ☐ Ne zaman doğdunuz?
- ☐ Nerede doğdunuz?
- ☐ Doğum yeriniz ve tarihi nedir?

3. Bitte buchstabieren Sie.
- ☐ Lütfen tekrarlayın.
- ☐ Lütfen harf harf söyleyin.
- ☐ Lütfen o kadar hızılı konuşmayın.

4. Ich bin geschieden.
- ☐ Ben evliyim.
- ☐ Ben boşandım.
- ☐ Ben bekarım.

5. Woher …?
- ☐ Nereden …?
- ☐ Nerede …?
- ☐ Nereye?

6. Die Pass-Nummer bitte.
- ☐ Pasaport numaranız lütfen.
- ☐ Pasaportunuzun tarihi lütfen.
- ☐ Pasaportunuz lütfen.

Gramer

2. *Artikeli ekleyin.*

1. _____ Land
2. _____ Stadt
3. _____ Adresse
4. _____ Ort
5. _____ Pass
6. _____ Visum

3. *Tamamlayın.*

1. Sind Sie ______________________?
2. Wo ____________ ____________?
3. Wie ist ____________ ____________?
4. Woher ______________ _______?
5. Ist das ________ ________________?
6. Kommen Sie ________ ____________?

| wohnen Sie |
| kommen Sie |
| aus Österreich |
| Ihre Adresse |
| verheiratet |
| die Pass-Nummer |

Duyulanı Anlama

1|25

4. *Anlamak. Kısa diyalogları dinleyip doğru ifadeleri işaretleyin.*

1. Der Mann heißt
- ☐ Müller.
- ☐ Janssen.

2. Die Frau heißt
- ☐ Janssen.
- ☐ Müller.

3. Die Frau kommt aus
- ☐ Berlin.
- ☐ Hamburg.

Sonuçlarınızı bu kitabın sonunda bulunan cevap anahtarı ile karşılaştırın. Sonra puanlarınızı toplayın.

Toplam:	1 - 11	Bu yeterli değil. Bu dersi hızlı bir şekilde tekrar edin.
	12 - 18	İyi. Fakat diyalogları ve grameri tekrarlamanız fena olmaz.
	19 - 21	Çok iyi. Sonraki derse geçebilirsiniz.

Smalltalk

Şimdi bay Kühne'nin ofisindeyiz. Chris Bruckner'in onunla bir randevusu var. Yolculuk ve hava durumu hakkında kısa bir konuşma dinleyeceksiniz ve "nasılsın?" diye sormayı ve buna cevap vermeyi öğreneceksiniz.

1 *Diyaloğa hazırlık için lütfen metin kitabındaki 1 numaralı alıştırmayı yapın. Bazı kelimer eksik mi? İşte çevirileri burada.*

Wie geht's?	*Nasılsın?*
Wie ist das Wetter ?	*Hava nasıl?*
Wie ist das Hotel?	*Otel nasıl?*
Wie war die Reise?	*Seyahat nasıldı?*
Gut, danke./Es geht	*İyi, teşekkürler./Fena değil.*
Nicht sehr gut. Leider.	*Maalesef çok değil.*
Das ist prima.	*Bu harika.*

2 Bayan Bruckner ve bay Kühne ofiste 1|26

4A

→ *Şimdi bay Kühne ile bayan Bruckner'in selamlaşmasını dinleyin. Onlar seyahat ve hava durumu hakkında konuşuyorlar. Konuşmayı iki kez dinleyin.*
→ *Metin kitabındaki dialoğu okuyun.*
→ *Aynı anda metni dinleyin ve dialoğu okuyun.*
→ *Vurgulu hecelerin altını çizin:*

Guten Tag, Frau Bruckner. Wie geht's?
Wie war die Reise?
Guten Tag, Herr Kühne. Danke, gut.
Und wie ist das Hotel?

Auch gut. Und nicht weit.
Sie sind ja direkt im Zentrum.
Ja, das ist sehr praktisch.

→ *İşaretlere dikkat ederek diyaloğu yüksek sesle okuyun.*
→ *Sonra kelime listesine bakın. Kelime ve cümlelerin anlamını ezberlemeye çalışın.*

Reise (die)	*Seyahat*
weit	*uzak*
Sie sind ja direkt im Zentrum.	*Siz tam merkezdesiniz.*
Zentrum (das)	*merkez*
praktisch	*pratik*

Wie war die Reise? sorusu sohbete başlamak için sık kullanılan iyi bir sorudur. !

1|27

4B

→ *4B bölümünü dinleyin.*
→ *Metin kitabındaki diyaloğu okuyun.*
→ *Aynı zamanda metni dinleyin ve diyaloğu okuyun.*
→ *Vurgulu hecelerin altını çizin.*
→ *Diyaloğu altı çizili kelimelere dikkat ederek okuyun.*
→ *Sonra kelime listesine bakın.*

Das Wetter ist auch prima.	*Hava da harika.*
Wetter (das)	*hava*
prima – schön – warm	*harika – güzel – sıcak*
Wie ist es denn in München?	*Münih'te nasıl?*
Leider schlecht.	*Maalesef kötü.*
schlecht	*kötü*
Es regnet schon zwei Tage.	*İki gündür yağmur yağıyor.*
regnen – es regnet	*yağmur yağmak*
Da haben Sie hier Glück.	*Burada şanslısınız.*
Glück (das)	*şans*
Dann machen wir eine Stadtrundfahrt.	*Sonra bir şehir turu yapacağız.*
machen – er/sie macht	*yapmak*
Stadtrundfahrt (die)	*şehir turu*
Vielleicht morgen?	*Belki yarın?*
Ja, gerne.	*Evet, memnuniyetle.*

1|28

3 *Diyaloğu dinleyin. Şahsı işaretleyin.*

4 *Hangisi doğru? Hangisi yanlış? İşaretleyin.*

5 *Okuyun.*

6 *Hangisi doğru?*

1|29

7 *Bir röportaj – Önce cevapları okuyun. Sonra dinleyin ve uygun şekilde cevaplayın. Hazırlık olarak aşağıdaki alıştırmayı yapın. Sonra metin kitabındaki 7. alıştırmayı yapmak zor olmayacak. Tamamlayın.*

Positiv → **Negativ**

sehr gut	gut	nicht so gut	nicht (sehr) gut	schlecht	sehr schlecht
sehr schön	______	______	______	schlecht	______

1|30

8 *Dinleyin. Sıfatları yazın.*

Şimdi biraz gramer çalışacağız. İsimler ve Almanca'daki tipik artikeller üzerinde yoğunlaşacağız.

Artikel ve isim – Artikel + Nomen

Her ismin bir artikeli vardır.

kişiler	artikel + isim		şahıs zamirleri
Jürgen Heinrich	**der** Name	→	er
Chris Bruckner	**die** Adresse	→	sie
	das Land	→	es

Almanca'da bütün isimler büyük harfle başlar. Böylece hemen ayırt edersiniz.
Almanca'da üç artikel olmasına karşın Türkçe'de artikel yoktur. Hangi isme hangi artikelin ait olduğunu söyleyen kesin bir kural yok.

9 *4A numaralı diyalogdaki isimleri yazın.*

__________ __________ __________ __________

__________ __________ __________ __________

__________ __________ __________

10 *Artikel ekleyin.*

_____ Reise	_____ Land	_____ Stadt	_____ Stadtrundfahrt
_____ Zentrum	_____ Name	_____ Hotel	_____ Glück
_____ Adresse	_____ Tag	_____ Wetter	

11 *Doğru şahıs zamirini ekleyin. Artikel size yardım edecek. Örn.:* das Wetter → es

das Geschäft – _____	der Euro – _____	das Auto – _____
der Tag – _____	die Reise – _____	die Zeit – _____
die Stadt – _____	das Haus – _____	die Adresse – _____

Evet/ hayır soruları – *nicht* ile olumsuzluk **Ja/Nein-Fragen – Die Verneinung mit *nicht***

Ist das Frau Bruckner?	–	**Ja**, das ist Frau Bruckner.
Ist das Herr Heinrich?	–	**Nein**, das ist **nicht** Herr Heinrich.
Wie ist das Wetter in München?	–	Es ist sehr **schön**.
Wie ist das Wetter in Berlin?	–	Es ist **nicht schön**.
Kennen Sie Berlin gut?	–	**Ja**, ich kenne Berlin **gut**.
Kennen Sie München gut?	–	**Nein**, ich kenne München **nicht gut**.
Regnet es?	–	**Ja**, es regnet.
	–	**Nein**, es regnet **nicht**.

• *nicht* cümlenin olumsuz olan parçasının önüne gelir: *nicht gut, nicht schön, nicht Herr Heinrich.*
• Bütün cümle olumsuz olduğunda *nicht* sonda yer alır: *Nein, es regnet nicht.*

12 *Hangi sıfatı biliyorsunuz? Hatırladıklarınızı yazın.*

____

____

____

____

13 *Şimdi sadece* NEIN *deyin.*

Das Hotel ist prima. – Nein, das Hotel ist nicht prima.
Das Wetter ist schön. – Nein, ____________________
Es regnet. – Nein, ____________________
Das Zentrum ist weit. – ____________________
Das Hotel ist praktisch. – ____________________
Die Reise ist prima. – ____________________

14 *Tekrar ediyoruz.*
Bu ifadeleri aklınızda tutun. En iyisi ezberleyin.

Birisine nasıl olduğunu sormak

Guten Tag, Frau/Herr + Nachname	*İyi günler, bayan/bay + soyad*
Guten Morgen, Frau/Herr + Nachname	*Günaydın, bayan/bay + soyad*
Guten Abend, Frau/Herr + Nachname	*İyi akşamlar, bayan/bay + soyad*
Wie geht's?	*Nasılsın?*
Wie geht es Ihnen?	*Nasılsınız?*
Danke, sehr gut/gut/nicht schlecht/es geht.	*Teşekkürler, çok iyi/iyi/fena değil/idare eder.*
Danke, nicht so gut.	*Teşekkürler, çok iyi değilim.*

Kısa sohbet: seyahat ve hava

Wie war die Reise? – Danke, gut.	*Seyahat nasıldı?* *– Teşekkürler, iyi.*
Wie ist das Wetter? – Es regnet./Es ist nicht so schön./ Es ist schön/warm/kalt.	*Hava nasıl? –* *Yağmur yağıyor./Çok güzel değil./* *Çok güzel/sıcak/soğuk.*
Das Wetter ist prima/gut/sehr gut/ schön/schlecht.	*Hava harika/iyi/çok iyi/güzel/kötü.*
Die Sonne scheint.	*Güneş parlıyor.*
Es schneit.	*Kar yağıyor.*
Es ist windig.	*rüzgarlı.*

15 *Dinleyin ve tekrar edin.* 1|31

Tag	Guten Tag.	schön	Es ist schön.
Wie	Wie geht's?	schlecht	Es ist schlecht.
Wetter	Wie ist das Wetter?	windig	Es ist windig.
Sonne	Die Sonne scheint.	schneien	Es schneit.

16 sehr *ekleyin. Önce dinleyin sonra tekrar edin.* 1|32

schön	sehr schön	weit	sehr weit
gut	sehr gut	warm	sehr warm
schlecht	sehr schlecht	kalt	sehr kalt

17 *Önce artikeli ekleyin sonra tekrar edin.* 1|33

_________ Name	_________ Adresse
_________ Land	_________ Geburtsland
_________ Familienstand	_________ Nationalität

18 *Ülke isimlerini dinleyin.* 1|34

Brasilien	Frankreich	Österreich
China	Italien	Russland
Deutschland	Korea	Türkei
England	Neuseeland	

19 *Dinleyin ve aynı zamanda okuyun.* 1|35
5 numaralı alıştırmaya başvurun (Metin Kitabı sayfa 18).

Ülke Bilgisi (Metin Kitabı sayfa 20)

Test yapmadan önce metin kitabını açın. İlk bakışta ülkeleri tanıyor musunuz?

Ülke isimlerin ekleyin ve -land *ile biten bütün isimleri bulun. Kaç tane var?*
Ülkeleri tanıyor musunuz? Ülke isimlerini eşleştirin.

Test

Kelimeler

1. Doğru çeviriyi işaretleyin.

1. Wie geht's?
☐ nerelisin?
☐ Nasılsın?
☐ Hava nasıl?

2. Sehr gut.
☐ Çok kötü.
☐ Çok iyi.
☐ Çok iyi değil.

3. Leider schlecht.
☐ Harika.
☐ Şanslısın.
☐ Maalesef, kötü..

2. Hava nasıl? Eşleştirin.

◯ Es ist sehr warm.
◯ Es ist windig.
◯ Es ist kalt.
◯ Die Sonne scheint.
◯ Es regnet.
◯ Es schneit.

Gramer

3. Artikeli ekleyin.

1. _______ Name
2. _______ Stadt
3. _______ Land
4. _______ Adresse
5. _______ Hotel
6. _______ Zentrum

4. Olumlu olan hangisi? İşaretleyin.

1. ☐ Das Wetter ist schön.
2. ☐ Ich kenne die Stadt nicht gut.
3. ☐ Das Hotel ist nicht weit.
4. ☐ Das ist sehr praktisch.
5. ☐ Sie haben Glück.
6. ☐ Es regnet schon zwei Tage.
7. ☐ Das Wetter ist nicht schön.
8. ☐ Aber die Reise ist prima.

5. Olumsuz yapın.

1. Das ist weit. Nein, ______________________.
2. Das ist schön. ______________________.
3. Es ist kalt. ______________________.
4. Es ist windig. ______________________.
5. Es regnet. ______________________.
6. Es schneit. ______________________.

Sonuçlarınızı bu kitabın sonunda bulunan cevap anahtarı ile karşılaştırın. Sonra puanlarınızı toplayın.

Toplam:		
	1 - 15	Devam etmeden önce bu dersi kesinlikle bir kere daha tekrar etmenizi tavsiye ediyoruz.
	16 - 25	İyi, fakat henüz mükemmel değil. Lütfen diyalogları ve grameri tekrar edin.
	26 - 29	Çok iyi. Sonraki derse geçebilirsiniz.

Wie lange fahren wir denn? – Ne kadar sürer?

Claudia ve Robert S-Bahn ile Claudia'nın evine gidiyorlar. Claudia ile arkadaşı Niki Bat kuzey Berlin'de bir daire paylaşıyorlar.
Onlara W ile başlayan farklı sorular sorduk. Aynı zamanda bir kişiye nasıl teşekkür edileceğini ve farklı durumlarda kullanabileceğiniz günlük ifadeleri öğreneceksiniz.

1 *Bunu kim söylüyor?*
Hazırlık için 1 numaralı alıştırmayı yapın. Bunlar günlük konuşmada kullanılan ifadelerdir. Jestlere ve baş hareketlerine dikkat edin.

Aha, ich verstehe.	*Aa, anlıyorum.*
Na ja, das ist nicht schlimm.	*Boş ver.*

2 Claudia ve Robert S-Bahn'la gidiyorlar

1|36

5A

→ *Önce 5A diyaloğunu en az iki kere dinleyin.*
→ *Metin kitabından diyaloğu okuyun.*
→ *Aynı anda metni dinleyin ve diyaloğun okuyun.*
→ *Vurgulu hecelerin altını çizin.*
→ *Yaptiğınız işaretlemelere göre diyaloğu okuyun.*
→ *Sonra kelime bölümüne geçin. Kelime ve cümlelerin anlamlarını ezberleyerek öğrenmeye çalışın.*

Was kostet ...?	*... ne kadar?*
kosten – er/sie kostet	*mal olmak*
Fahrkarte (die), die Fahrkarten	*bilet*
zwei Euro	*iki Euro*
Euro (der), die Euro(s)	*Euro*
Das habe ich.	*Benim var.*
Wo ist der Automat?	*Bilet makinası nerede?*
Automat (der), die Automaten	*bilet makinası*
Ich mache das.	*Bunu yapacağım.*
nett	*hoş*
Vielen Dank.	*Teşekkür ederim.*
Wie lange fahren wir denn?	*Ne kadar sürer?*
fahren – er/sie fährt	*gitmek*
Stunde (die), die Stunden	*saat*
Wie bitte?	*Afedersiniz?*
Minute (die), die Minuten	*dakika*
Großstadt (die) (groß + die Stadt)	*büyük şehir*
Kleinstadt (die) (klein + die Stadt)	*küçük şehir*

Birleşik isimler bazen bir sıfat + isimden oluşabilir:
groß + die Stadt = die Großstadt.

1|37

5B

→ *5B'yi dinleyin.*
→ *Metin kitabındaki diyaloğu okuyun.*
→ *Diyaloğu dinleyin ve aynı zamanda okuyun.*
→ *Vurgulu hecelerin altını çizin.*
→ *Sonra diyaloğu yaptığınız işaretlemelere uygun olarak okuyun.*
→ *Kelime listesine bakın.*

Morgen haben wir das Auto.	*Yarın araba bizde olacak.*
Auto (das), die Autos	*araba*
mit der S-Bahn	*S-Bahn ile*
S-Bahn (die), die S-Bahnen	*S-Bahn (şehir ve banliyö treni)*
Wann kommt Niki denn nach Hause?	*Niki ne zaman eve döner?*
Wann?	*Ne zaman?*
nach Hause	*eve*
Heute kommt er spät.	*Bugün geç gelecek.*
heute/spät	*bugün/geç*
Er arbeitet wieder furchtbar viel.	*Yine çok fazla çalışıyor.*
arbeiten – er/sie arbeitet	*çalışmak*
wieder	*yine*
furchtbar viel/wenig	*çok fazla/az*
Hast du ein Glück!	*Ne kadar şanslısın!*

1|38

3 *Metni okuyun ve uygun soru kelimesini ekleyin. Hatırlıyor musunuz?*
Diyaloğu tekrar dinleyin ve cevapları kontrol edin.

4 *Bu yanlış!*
Doğru cümleyi yazın.

1|39

5 Wie bitte? *Okuyun. Tamamlayın.*
Bu iki insan iletişimde problem yaşıyorlar. Bütün cümle şık değil ama açık.
Şimdi dinleyin ve karşılaştırın.

6 *Bir kaç soru – çok kısa cevap verin.Yazın.*
Bir cevap verdiğinizde, bunu kısa veya uzun bir cümleyle yapabilirsiniz. Soruyu ve uzun cevabı okuyun. Kısa cevabı ekleyin. Kısa cevap günlük konuşmada kullanılır.

7 *Teklik halini yazın.*

Yeni fiiller – Neue Verben

		haben	arbeiten	fahren
Singular	ich	habe	arbeite	fahre
	du	**hast**	arbei**te**st	fährst
	er/sie/es	**hat**	arbei**te**t	fährt
Plural	wir	haben	arbeiten	fahren
	ihr	habt	arbeitet	fahrt
	sie/Sie	haben	arbeiten	fahren

Fiillerin her bir şahıs için farklı sonu vardır. Ayrıca bazı fiillerin ikinci ve üçüncü teklik şahıs çekimlerinde fiil kökünde bulunan sesli harfler değişir.

- *hast* ve *hat* düzensizdir.
- a ä'ye dönüşür *(fahren – du fährst, er/sie/es fährt)*
- -t veya -d'den sonra -e- eklenir. Bu telaffuzu kolaylaştırır: *du arbei**te**st, er arbei**te**t/du fin**de**st, er fin**de**t.*

8 *Aşağıdaki tabloda bütün özel biçimler eksiktir. Bu biçimleri ekleyin.*

		haben	arbeiten	fahren
Singular	ich	habe	arbeite	fahre
	du			
	er/sie/es			
Plural	wir	haben	arbeiten	fahren
	ihr	habt		fahrt
	sie/Sie	haben	arbeiten	fahren

9 *Uygun artikel ile tamamlayın.*

_____ Minute _____ Großstadt _____ Kleinstadt _____ S-Bahn

_____ Fahrkarte _____ Euro _____ Stunde _____ Auto

İsimlerin çokluğu – Nomen im Plural

Singular	Plural
der Tag	die Tag**e**
das Jahr	die Jahr**e**
die Stadt	die St**ä**dt**e**
das Land	die L**ä**nd**er**
das Wort	die W**ö**rt**er**
der Name	die Name**n**
die Fahrkarte	die Fahrkarte**n**
die Minute	die Minute**n**

Dikkat: die = teklik dişi (**die** Minute) ve çokluk (der Tag, **die** Tage/die Minute, **die** Minuten/das Jahr, **die** Jahre)

10 *Bu nedir? Yazın.*

1 Das sind zwei ______________
2 fünf ______________
3 drei ______________
4 drei ______________
5 zwei ______________
6 zwei ______________

1
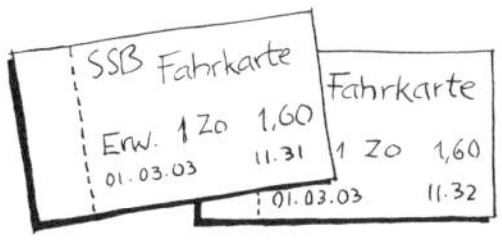

2
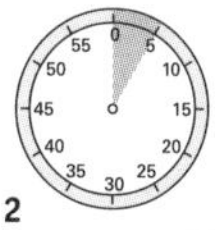

3
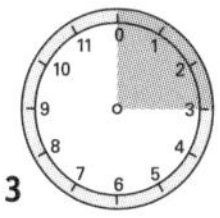

6 *Name*
Adresse

5

4 *Markus Graf*
Steffi Sommer
Toni Koch

11 *Tamamlayın.*
Örneğin: ein Jahr – drei Jahre

______ Minute – drei ______________
______ Stunde – drei ______________
______ Stadt – drei ______________
______ Großstadt – drei ______________
______ Kleinstadt – drei ______________
______ Geschäft – drei ______________
______ S-Bahn – drei ______________
______ Auto – drei ______________

!

1 numara: *eins – zwei – drei – vier* vs. şeklinde sayılıyor.
İsimle beraber kullanıldığında *ein-* değişir: ***ein** Tag (der Tag) – **zwei** Tage;*
***eine** Stunde (die Stunde) – **zwei** Stunden; **ein** Wort (das Wort) – **zwei** Wörter.*

12 *Tekrar ediyoruz.*
Bu ifadeleri aklınızda tutun. En iyisi ezberleyin.

Teşekkür etmek

Danke./Vielen Dank. – Bitte.	*Teşekkürler/Çok teşekkür ederim – Bir şey değil.*
Das ist nett (von dir).	*Naziksin. (resmi olmayan)*
Das ist nett (von Ihnen).	*Naziksiniz. (resmi)*

Günlük ifadeler

(Das ist) super. (Das ist) prima.	*(Bu) muhteşem. (Bu) harika.*
Furchtbar viel/wenig/alt/schlecht.	*çok zor/fazla/az/eski/kötü*
Wie bitte?	*Afedersiniz?*

!

Furchtbar viel = sehr sehr viel.
Ayrıca böyle de söyleyebilirsiniz: furchtbar lange *veya* furchtbar alt …

13 a *veya* ä, o *veya* ö? *Tamamlayın sonra tekrar edin.* 1|40

die St__dt – die St__dte

das L__nd – die L__nder

das W__rt – die W__rter

der S__tz – die S__tze

der P__ss – die P__sse

14A *Bu adam kim?* 1|41

→ *Diyaloğu dinleyin.*

→ *Aşağıdaki metni tamamlayın:*

Herr Binder arbeitet i__ B______.

Er ist s____ ein J___ dort.

Er k____ Frau Antes.

14B 1|42

→ *Şimdi tekrar edin. Konuşmacının vurgu ve telaffuzunu mümkün olduğu kadar taklit etmeye çalışın.*

→ *Eğer herşeyi anladığınızdan emin değilseniz, metni burada tekrar okuyabilirsinz:*

Frau Antes: Wer ist der Herr da?
Herr Meyer: Das ist Herr Binder. Er arbeitet jetzt in Bremen.
Frau Antes: Hallo, Herr Binder! Was machen Sie denn hier?
Herr Binder: Ja Frau Antes, guten Tag. Wie geht's Ihnen denn?
Frau Antes: Danke, gut. Und Ihnen?
Herr Binder: Auch gut.
Frau Antes: Sind Sie schon lange hier?
Herr Binder: Ja, schon ein Jahr.

Ülke Bilgisi (Metin Kitabı s. 24) 1|43

Almanya Avrupa'nın merkezindedir. Dokuz komşu ülkesi vardır. Almanya'nın kuzeyde Kuzey denizine ve Baltık denizine bağlantısı vardır.

Bunlar hangi ülkeler?
Ülke isimlerini dinleyin. Cevapları not edin.

İsimleri haritaya yazın.

Kelimeler

***1.** Teklik halini yazın.*

1. Danke.
- ☐ Lütfen.
- ☐ Teşekkürler.
- ☐ Afedersiniz.

2. Was kostet das?
- ☐ Bu kaç para?
- ☐ Ne zaman eve dönüyorsun?
- ☐ Ne kadar sürer?

3. nach Hause
- ☐ işe
- ☐ işten
- ☐ eve

4. wenig Zeit
- ☐ az zaman
- ☐ çok zaman
- ☐ bir saat

5. furchtbar viel
- ☐ çok az
- ☐ çok fazla
- ☐ çok küçük

6. Wie bitte?
- ☐ Nasıl sorabilirim?
- ☐ Afedersiniz?
- ☐ Bu kim?

***2.** Teklik halini yazın.*

1. die Städte ________________
2. fünf Minuten eine ________________
3. zehn Stunden eine ________________
4. die Fahrkarten ________________
5. die Wörter ________________
6. zwei Länder ein ________________

Gramer

***3.** Fiil ekleyin.*

1. ________________ du zu Hause? (arbeiten)
2. ________________ du heute Zeit? (haben)
3. Wir ________________ sehr viel. (arbeiten)
4. ________________ ihr mit dem Auto? (fahren)
5. Wir ________________ mit der S-Bahn. (fahren)
6. Was ________________ die Fahrkarte? (kosten)

***4.** Artikel ekleyin.*

1. ________ Wörter
2. ________ S-Bahn
3. ________ Fahrkarten
4. ________ Automat
5. ________ Großstadt
6. ________ Auto

Hangi kelimeler çokluk halindedir? Miktarları yazın: ________.

***5.** a, ä, o veya ö ile tamamlayın.*

1. die St_dt
2. die W_rter
3. die S_tze
4. das L_nd
5. der P_ss
6. die P_sse

Sonuçlarınızı bu kitabın sonunda bulunan cevap anahtarı ile karşılaştırın. Sonra puanlarınızı toplayın.

Toplam:		
	1 - 13	Bu dersi tekrar etmeniz sizin için faydalı olabilir.
	16 - 26	Fena değil. Diyalog ve grameri bir kere daha tekrar etmek sizin için iyi olacaktır.
	27 - 30	Mükemmel! İsterseniz kelimeleri tekrar edebilirsiniz veya sonraki derse geçin.

Wer ist Claudia? Wer ist Robert? – Kim ...?

Şimdi Claudia ve Robert hakkında daha fazla bilgi öğrenme vakti. Onları daha iyi tanımak istiyorsunuz, öyle değil mi?
Burada insanlar hakkında konuşmayı ve soru sormayı öğreneceksiniz. Rakamlar ve numaralar hakkında bir çok şey öğreneceksiniz. Ve sonunda size gidilecek özel bir yer takdim edeceğiz.

1 *Kim kimdir? Eşleştirin.*
İnsanların neye benzediklerini düşünüyorsunuz? Lütfen eşleştirin. Bazılarını biliyorsunuz, fakat diğerlerini tanımıyorsunuz. Bütün kelimeleri bilmiyorsanız lütfen çalışma kitabının arkasındaki sözlüğe bakın.

2 Claudia ve Robert 1|44

→ *6A metnini en az iki kez dinleyin.*
→ *Metin kitabındaki metni okuyun.*
→ *Dinleyin ve aynı zamanda diyaloğu okuyun.*
→ *Vurgulu hecelerin altını çizin.*
→ *Sonra metni yaptığınız işaretlemelere göre okuyun.*
→ *Kelime bölümüne bakın. Kelimelerin anlamını ezberleyerek öğrenmeye çalışın.*

6A

Claudia ist in Berlin geboren.	*Claudia Berlin doğumlu.*
Sie ist 23 Jahre alt.	*O, 23 yaşında.*
Sie ist Medien-Designerin von Beruf.	*O. medya tasarımcısı olarak çalışıyor.*
Sie ist ... (Designerin/Stewardess) von Beruf.	*O, ... (tasarımcı/hostes) olarak çalışıyor.*
Beruf (der), die Berufe	*meslek*
Sie arbeitet bei ...	*O, ... de/da çalışıyor*
Ihre Hobbys sind Reisen und Sprachen.	*Onun hobileri seyahat ve diller.*
Hobby (das), die Hobbys	*hobi*
Sprache (die), die Sprachen	*dil*
Ihre Handy-Nummer ist ...	*Onun cep telefonu numarası ...*
Handy-Nummer (die), die Handy-Nummern	*cep telefonu numarası*

6B

1|45

→ *6B bölümünü dinleyin.*
→ *Metin kitabındaki metni okuyun.*
→ *Dinleyin ve aynı zamanda metni okuyun.*
→ *Vurgulu hecelerin altını çizin.*
→ *Sonra kelime listesine bakın.*

eine Kleinstadt in Bayern	*Bavyera'da küçük bir şehir*
Sie liegt südlich von München.	*O, Münih'in güneyinde bulunuyor.*
liegen – er/sie liegt	*burada: bulunmak*
südlich von	*güneyinde*
Robert studiert Informatik.	*Robert bilgisayar bilmi okuyor.*
studieren – er/sie studiert	*okumak*
Student (der), -en/die Studentin, -nen	*öğrenci*
Er hat viele Hobbys und immer wenig Zeit.	*Onun çok hobisi ve her zaman az vakti var.*
immer	*her zaman*
Seine Handy-Nummer ist …	*Onun cep telefonu numarası …*
Seine Telefonnummer ist …	*Onun telefon numarası …*
Telefonnummer (die), -n (das Telefon + die Nummer)	*telefon numarası* *(telefon + numara)*
Er findet Claudia sehr sympathisch.	*O, Claudia'yı çok sempatik buluyor.*
sympathisch	*sempatik*

!

Er studiert **X** Informatik.
Sie studiert **X** Sprachen.
Nanni Köhler ist **X** Ärztin.
X = artikel yok.

3 *Robert nereli? Robert nerede okuyor? O, şimdi nerede?*
Cümleleri tamamlayın

4 *Eksik olan nedir?*

5 *Biz soruyoruz, siz cevap veriyorsunuz.*
Tam cümle yazın.

6 *Bunun hakkında ne düşünüyorsun?*
Cümleleri ve resimleri eşleştirin.

1|46

7 *Afedersiniz? Örnekteki gibi sorun.*
Sohbet ediyorsunuz fakat her şeyi anlamıyorsunuz ve kontrol etmek için soru sormanız gerekiyor.
Dinleyin ve sorun. Sonra doğru soruyu dinleyin.

8 *Onlar hakkında ne düşünüyorsunuz? Kişi ve sıfatı ekleyin.*
Şu ana kadar karşılaştığınız insanlarla ilgili sizde bir izlenim oluştu mu?

W-Soruları – W-Fragen

Wer ist Claudia?	**Wie** alt ist sie?
Woher kommt sie?	**Was** ist sie von Beruf?
Wo wohnt sie?	**Wie** lange kennt sie Robert?

- Soru kelimeleri *W* ile başlar.
- W sorularında çoğu kez *denn* kelimesi vardır. Bu kulağa daha samimi geliyor:
  Wer ist *denn* Claudia? Woher kommt sie *denn*? Wo wohnt sie *denn*?

9 *Biraz meraklısınız ve Robert hakkında daha fazla şey bilmeyi arzu ediyorsunuz. Uygun cevabı arayın.*

1. Wie heißt Robert denn mit Nachnamen?
2. Wo wohnt er denn?
3. Wo liegt denn Bayern?
4. Wo studiert er?
5. Was studiert er denn?
6. Arbeitet Robert viel?
7. Wie findet er Claudia?

a. Nein, nicht so viel.
b. Sehr sympathisch.
c. Er heißt Klein.
d. Er studiert Informatik.
e. In Rosenheim in Bayern.
f. Im Süden von Deutschland.
g. In München.

Rakamlar – Zahlen

1|47

Üçüncü derste 0'dan 10'a kadar rakamları öğrendiniz.

10 **zehn**	17 **siebzehn**	30 drei**ßig**	200 zwei**hundert**
11 **elf**	18 acht**zehn**	40 vier**zig**	300 drei**hundert**
12 **zwölf**	19 neun**zehn**	50 fünf**zig**	400 vier**hundert**
13 drei**zehn**		60 sech**zig**	500 fünf**hundert**
14 vier**zehn**	20 zwan**zig**	70 sieb**zig**	600 sechs**hundert**
15 fünf**zehn**	21 **einundzwanzig**	80 acht**zig**	700 sieben**hundert**
16 **sechzehn**	22 **zweiundzwanzig**	90 neun**zig**	800 acht**hundert**
	…		900 neun**hundert**
		100 **hundert**	
		101 hunderteins	1000 **tausend**
		102 hundertzwei	2000 zwei**tausend**
		…	1000 000 **eine Million**

13 ve 99 arasındaki numaraları – onlu rakamları hariç – sağdan sola doğru okuyun: 13 = *dreizehn*, 21 = *einundzwanzig*.

10 *Rakamları kelime olarak yazın.*

150 Euro	______________	Euro	15 Euro	______________	Euro
25 Euro	______________	Euro	5 Euro	______________	Euro
73 Euro	______________	Euro	99 Euro	______________	Euro

1|48

11 *Dinleyin ve eksik numaraları aşağıya yazın.*

1. 089 – _ _ 37 49. Das ist in München.
2. 040 – 77 8_ 90. Das ist in Hamburg.
3. 030 – 30_ 26 5_. Das ist in Berlin.
4. 069 – _ 2 _ 6 _ 0. Das ist in Frankfurt am Main.

!

Telefon numaraları şehir kodlarından, örn. Münih için 089 veya Berlin için 030, ve özel telefon numaralarındn oluşur. Numaralar Türkçe'den farklı olarak genelde tek tek söylenir, yani: 3 – 4 – 6 – 5 – 8 – 3.

12 *Tekrar ediyoruz.*
Cümleleri aklınızda tutun. En iyisi ezberleyin.

Yerler ve ülkeler hakkında soru sormak

Wo liegt … (+ Ort/Stadt/Land)?	*… (+ yer/şehir/ülke) nerede?*
Im Norden/Süden/Osten/Westen von …	*… in kuzeyinde/güneyinde/doğusunda/batısında.*
Nördlich/Südlich/Östlich/Westlich von …	*… in kuzeyinde/güneyinde/doğusunda/batısında.*

Şahsi sorular

Wie heißen Sie? – (Ich heiße …) … (Vorname + Zuname)	*Adınız ne? – (adım …) … (ad + soyad)*
Wie ist Ihr Name? – … Ich buchstabiere.	*Adınız ne? – … harf harf söylüyorum.*
Woher sind Sie? – Aus …	*Nerelisiniz? – … -lı/-li/-lu/-lü*
Wo arbeiten Sie?– Bei … (Firmenname)	*Nerede çalışyorsunuz?– … (şirket adı) -da/-de*
Wo sind Sie geboren? – In … (Land/Stadt/Ort)	*Nerede doğdunuz? – – … (ülke/şehir/yer) –de/-da*
Wo wohnen Sie? – In … (Stadt/Ort)	*Nerede yaşıyorsunuz? – … (şehir/yer) -de/-da*
Wie alt sind Sie? – Ich bin … (24) Jahre alt.	*Kaç yaşındasınız? – Ben … (24) yaşındayım.*
Was sind Sie von Beruf? – Ich bin … (Designerin/Ingenieur)	*Mesleğiniz ne? – Ben … (tasarımcı/mühendis) -im*
Wie ist Ihre Adresse?	*Adresiniz nedir?*
Wie heißt du?	*Adın ne?*
Woher bist du?	*Nerelisin?*
Was studierst du?	*Ne okuyorsun?*

13 *Rakamları tekrar edin.*

1|49

zwei	zwanzig	zweihundert
drei	dreißig	dreihundert
vier	vierzig	vierhundert
fünf	fünfzig	fünfhundert
sechs	sechzig	sechshundert
sieben	siebzig	siebenhundert

14 *Harf harf söylüyorum …*

1|50

Eğer kolay bir isminiz varsa şanslısınız, çünkü bu konuda fazla probleminiz olmayacak. Fakat zor bir isminiz varsa sık sık onu harf harf söylemeniz gerekecek.Harf harf isminizi ve telefon numaranızı söyleyin.
Şöyle başlayın: Ich heiße … Ich buchstabiere: … Meine Telefonnummer ist: …

İşte telefon alfabesi:

A wie Anton
B wie Berta
C wie Cäsar
D wie Dora
E wie Emil
F wie Friedrich
G wie Gustav
H wie Heinrich
I wie Ida
J wie Julius
K wie Kaufmann
L wie Ludwig
M wie Martha
N wie Nordpol
O wie Otto
P wie Paula
Q wie Quelle
R wie Richard
S wie Samuel
T wie Theodor
U wie Ulrich
V wie Viktor
W wie Wilhelm
X wie Xanthippe
Y wie Ypsilon
Z wie Zacharias

Ülke Bilgisi: Neuschwanstein (Metin Kitabı sayfa 28)

Güney Almanya bir turizm merkezidir. Hiçbir eyalete Bavyera ve Münih kadar turist gelmiyor. Bavyera, Alman ve bütün dünyadan turistler için tercih edilen bir ülkedir.
19. yüzyılda Bavyera kralı II. Ludwig tarafından yaptırılan şatolar Münih'ten yanlızca bir saat uzaklıktadır. O, şatoları ve müziği, özellikle - Münih'e getirdiği - Wagner'i seven masal kralıdır. Kralın, hayatının sonuna doğru çok yanlız kalması ve Starnberg gölünde esrarengiz bir şekilde boğulması, ona masalımsı bir sihir katıyor.

Soruları cevaplayın.

Test

Kelimeler

1. *Kelimeyi veya kelimeleri yazın.*

1. K_ei_st_dt
2. v__l_n D__k
3. T___fonnum___
4. n___ Hau__
5. Ho__ y
6. i_t_ress___

2. *Cümleleri yazın.*

1. erstudiert ______________________
2. siestudiertinhamburg ______________________
3. eristindeutschlandgeboren ______________________
4. eristdreijahrealt ______________________
5. woarbeitensie ______________________
6. wassindsievonberuf ______________________

Gramer

3. *Doğru biçimin altını çizin.*

1. Wo [arbeiten] [arbeitest] [arbeite] du?
2. Wer [studieren] [studiert] [studiere] Informatik?
3. Ich [fahre] [fährst] [fahren] immer mit der S-Bahn.
4. Wann [kommst] [kommt] [kommen] du nach Hause?
5. Wann [habe] [hast] [hat] du Zeit?

4. *Burada hakim olmanız gereken bir kaç önemli soru var. Doğru soru kelimesinin altını çizin.*

1. [Wer] [Wo] [Was] sind Sie geboren?
2. [Was] [Wer] [Wie lange] sind Sie von Beruf?
3. [Wie] [Wie lange] [Wo] arbeiten Sie? (Firma)
4. [Was] [Wie] [Wo] finden Sie die Arbeit?
5. [Wie] [Wie lange] [Wo] arbeiten Sie schon dort?
6. [Wer] [Wie] [Was] sind Ihre Hobbys?

Duyulanı Anlama

1|51

5. *Kısa diyaloğu dinleyin ve doğru cevapları işaretleyin.*

1. Der Mann
   - ☐ ist in Deutschland geboren.
   - ☐ ist nicht in Deutschland geboren.

2. Er
   - ☐ arbeitet.
   - ☐ studiert.

3. Er ist
   - ☐ ein Jahr da.
   - ☐ schon fünf Jahre da.

Sonuçlarınızı bu kitabın sonunda bulunan cevap anahtarı ile karşılaştırın. Sonra puanlarınızı toplayın.

Toplam:		
	1 - 14	Ne yazık ki, bu yeterli değil. Bu dersi tekrar edin.
	15 - 23	Fena değilk. Diyalogları ve grameri tekrar etmenizde fayda var.
	24 - 26	Çok iyi. Devam etmemeniz için hiçbir sebep yok.

Entschuldigung! – Afedersiniz!

Çalışmaya başlamadan önce bay Heinrich misafirine bir içecek ikram ediyor.
Bu diyalogda nasıl istekte bulunacağınızı ve birine isteklerini nasıl soracağınızı öğreneceksiniz.
Durum bildiren fiiller *möchten* ve *können* burada önemli rol oynarlar.

1 *Tamamlayın.*
Hazırlık için bir numaralı alıştırmayı yapın.
Birinin isteğini soran soru: Möchten Sie ... / Möchtest du ...? *Eğer bütün kelimeleri bilmiyorsanız sözlüğe bakın.*

2 Ofiste kahve içmek

1|52

→ *Önce bay Heinrich ve bayan Bruckner'in ne söylediğini dinleyin. Sanki birşeyler olmuş. Diyaloğu en az iki kere dinleyin.*
→ *Diyaloğu okuyun.*
→ *Dinleyin ve aynı zamanda okuyun. Eğer istiyorsanız vurgulu hecelerin altını çizebilirsiniz.*
→ *Şimdi kelimeleri öğrenin.*

Möchten Sie etwas trinken?	*Bir şey içmek ister misiniz?*
möchten – er/sie möchte	*istemek*
etwas	*bir şey*
trinken – er/sie trinkt	*içmek*
Kaffee (der)	*kahve*
Haben Sie auch Tee?	*Çayınız da var mı?*
Tee (der)	*çay*
Ja, natürlich.	*Evet, elbette.*
tut mir Leid	*afedersiniz*
Der Tee ist schon kalt.	*Çay soğuk.*
Dann nehme ich Kaffee.	*Öyleyse kahve alayım.*
Milch (die)	*süt*
Zucker (der)	*şeker*
Nur Milch, bitte.	*Sadece süt lütfen.*
nur	*sadece*
Macht nichts.	*Önemli değil.*
nichts	*hiç*
Hier ist eine Serviette.	*İşte peçete.*
Serviette (die), die Servietten	*peçete*
Wir arbeiten jetzt bis Mittag.	*Şimdi öğlene kadar çalışacağız.*
Mittag (der), die Mittage	*öğle*
Dann machen wir eine Stunde Pause	*Sonra bir saat mola veriyoruz*
Pause (die), die Pausen	*mola*

und gehen in die Kantine.	*ve kantine gidiyoruz.*
gehen – er/sie geht	*gitmek*
Kantine (die), die Kantinen	*kantin*
Einverstanden.	*Tamam.*

Ne olduğunu anladınız mı? Bay Heinrich kahvesini döktü, şans eseri sadece tabağına. Bu yüzden peçete getiriyor.

3 *Doğru sıra nedir? Rakamları yazın.*

4 *Soru sorun. Cümle nasıl devam eder? Uygun devamı bulun. Harfleri yazın.*

!

Şu durumlarda *Entschuldigung* diyoruz:
- bir sakarlık olduğunda
- veya nazik bir ricada bulunurken: *Entschuldigung, wie ist Ihr Name?*

5 *Çapraz bulmaca*
Bunu çözebilir misiniz? Senkrecht *dikey,* waagerecht *yatay anlamındadır.*
Çözüm, sürekli ihtiyaç duyduğunuz bir kelimedir.
Alınız:
1. dördüncü harf
2. beşinci harf
3. dördüncü harf
4. birinci harf
5. üçüncü harf _ _ _ _ _

1|53

6 *Soruyu dinleyin. Kibarca cevap verin. Sonra cevabı dinleyin.*
Siz misafirsiniz ve isteklerinizi soruyorlar. Kibar bir cevap seçin.

7 *Uymayan nedir?*
Gruba uymayan kelimeyi yazın.

8 *Chris Bruckner'den not*
Ziyaretin birinci gününden notlar.

Artikel: belirli ve belirsiz – Artikel: bestimmt und unbestimmt:
der, die, das* ve *ein / eine

teklik	eril	dişi	nötr
şahıs zamiri	er	sie	es
belirli artikel	der Name	die Adresse	das Land
belirsiz artikel	**ein** Name	**eine** Adresse	**ein** Land

Belirli artikelin üç farklı biçimi vardır, belirsiz artikelin ise iki: *der/die/das* ve *ein/eine*.

Dikkat: Belirsiz miktarlarda artikele ihtiyaç yoktur: *Möchten Sie Kaffee?/Tee, bitte, mit Milch.* !

9 *Belirsiz artikeli ekleyin (*ein/eine*).*

Was ist das?

Wasserburg	Das ist ________	Kleinstadt.
0170 – 82 73 47	Das ist ________	Handy-Nummer.
Andy	Das ist ________	Vorname.
Lettland	Das ist ________	Land in Nordeuropa.
81825	Das ist ________	Postleitzahl.
etwas	Das ist ________	Wort.

Fiiller – Verben: e → *i(e) / möchten / können*

		nehmen	möchten	können
Singular	ich	nehme	möchte	**kann**
	du	nimmst	möchtest	**kannst**
	er/sie	nimmt	möchte	**kann**
Plural	wir	nehmen	möchten	können
	ihr	nehmt	möchtet	könnt
	sie/Sie	nehmen	möchten	können

- Bazı güçlü fiillerde e, i'ye veya i, e'ye dönüşür *(nehmen: du nimmst, er/sie nimmt; lesen: du liest, er/sie liest, sprechen: du sprichst, er/sie spricht; geben: es gibt)*
- *möchten* bir dileği ifade eder. Bu durum bildiren bir fiildir: *Ich* ***möchte*** *noch etwas Kaffee.*
- *können* de durum bildiren bir fiildir. İsteği, soru biçiminde ifade ediyor: ***Kann*** *ich bitte die Milch* ***haben****?*

möchten kullandığınızda, kendinizi nazik biçimde ifade ediyorsunuz. Bundan dolayı *bitte* veya *gern* gibi nazik kelimeleri çıkarabilirsiniz, örn. *Möchten Sie Kaffee oder Tee?* !

10 *Hangi biçim eksik?*

möchtet | kannst | kann | möchte | können | nimmt | kann | nimmst | möchtest

		nehmen	**möchten**	**können**
Singular	ich	nehme		
	du			
	er/sie		möchte	
Plural	wir	nehmen	möchten	können
	ihr	nehmt		könnt
	sie/Sie	nehmen	möchten	

11 möchten *veya* können *ile tamamlayın.*

____________ Sie Kaffee oder Tee?

____________ ich etwas Milch haben?

____________ ich eine Serviette haben?

____________ Sie telefonieren?

____________ ich bitte telefonieren? *(telefon etmek)*

____________ Sie ein Hotelzimmer? *(otel odası)*

____________ Sie das wiederholen? *(tekrar)*

____________ Sie mir helfen? *(yardım)*

12 *Tamamlayın:* wer * wann * wo * wie * was * woher.

Können Sie mir sagen, … *(… söyleyebilir misin)*

________ das Hotel ist?

________ der Bus kommt?

________ der Herr heißt?

________ die Fahrkarte kostet?

________ Herr Bünzli kommt? Aus der Schweiz?

________ Herr Heinrich ist?

13 *Tekrar ediyoruz*

Özür dilemek

Tut mir leid.	*Özür dilerim.*
Entschuldigung.	*Afedersin.*
Entschuldige/Entschuldigen Sie.	*Afedersin/Afedersiniz. (samimi/resmi)*
(Das) macht nichts./Bitte.	*Önemli değil./Boşver.*

Birisine ne istediğini sormak/birşey teklif etmek

Möchten Sie …/Möchtest du … (Kaffee)?	*(kahve) … ister misin/misiniz?*

14 *İşaretleyin.* 1|54

a, e, i, o, u *sesli harfleri Almanca'da kısa ve uzun olabilir. Bu fark iyi bir telaffuz için çok önemlidir. Bu yüzden konuşmacının telaffuzunu mümkün olduğu kadar aynen taklit etmeye çalışın. Dinleyin, sesli harflerin kısa veya uzun olduklarını işaretleyin ve tekrar edin.*

	kurz (kısa)	lang (uzun)		kurz (kısa)	lang (uzun)
h**a**ben	☐	☐	schl**e**cht	☐	☐
h**a**t	☐	☐	sch**o**n	☐	☐
d**a**	☐	☐	k**o**mmt	☐	☐
d**a**nn	☐	☐	S**ie**	☐	☐
St**a**dt	☐	☐	s**i**nd	☐	☐
J**a**hr	☐	☐	n**u**r	☐	☐
T**ee**	☐	☐	eine St**u**nde	☐	☐

15 *Türkçe cümleleri Almanca karşılıklarıyla eşletirin. Dinleyin, sonra yüksek sesle okuyun.*
Hören Sie zu, lesen Sie dann laut. 1|55

Kim o?
Ben Meier. / Ben Beate Meier.

Meier misiniz?
Evet, ben Meier.

Meier misiniz?
Hayır, ben Keller.
Numaranız 34 57 mi?
Hayır, 34 77.
Afedersiniz. Hoşçakalın.

Ist dort Meier?
Nein, hier ist Keller.
Haben Sie 34 57?
Nein, 34 77.
Entschuldigung. Auf Wiederhören.

Wer ist dort bitte?
Hier ist Meier./Hier ist Beate Meier.

Ist dort Meier?
Ja, hier Meier.

Ülke Bilgisi (Metin Kitabı sayfa 32)

Café'de sürprizlerle karşılaşabilirsiniz. Almanya'da sütlü kahvenin yanısıra İtalya'dan gelen espresso ve cappuccino sevilerek içilir. Hiçbir yerde Avusturya'daki kadar çeşitli kahve yoktur. Orada siyah kahve (sütsüz ve şekersiz) ve kahverengi kahve (krem şantili siyah kahve), Kapuziner (krem şantili küçük siyah kahve), Mokka (sert siyah kahve, Mokka Arapça bir kelimedir), Duble-Mokka (çift porsiyon Mokka), Melange (eşit miktarda süt ve kahve), Wiener Melange (Melange gibi fakat köpürtülmüş sütlü) ve Fiaker (rom ve konyaklı siyah kahve) vardır. Yabancılara bu karışık gelecektir.
Bu, İsviçre'de her zaman kolay değildir. Bir Schale (kase) istediğinizde sütlü kahve gelir.

Kelimeler

1. *Tamamlayın.*

1. Kaffee oder ______________?
2. Tee mit Z______________
3. Entschuldigung. – Macht ______________.
4. Mann und ______________
5. Hobby und ______________
6. im Norden und im S______________

2. *Hangisi doğru?*

1. Macht nichts.
   - ☐ Önemli değil.
   - ☐ İhtiyacım olan bu.
   - ☐ Çok naziksiniz.
2. Kann ich bitte …?
   - ☐ alırım.
   - ☐ … -ebilir miyim, lütfen …?
   - ☐ … var mı?
3. Ich möchte …
   - ☐ … istiyorum
   - ☐ … alıyorum
   - ☐ … var
4. Einverstanden?
   - ☐ Tamam mı?
   - ☐ Ne kadar?
   - ☐ Ne istersiniz?
5. Tut mir leid, …
   - ☐ İyiyim.
   - ☐ Özür dilerim.
   - ☐ Tamam.
6. Ja, natürlich.
   - ☐ Tamam, iyi.
   - ☐ Doğru.
   - ☐ Evet, elbette.

Gramer

3. *Tamamlayın.*

1. Möchte___ Sie Tee?
2. Ich möcht___ gern Kaffee.
3. Ich nehm___ Zucker und Milch.
4. Wir arbeit___ bis Mittag.
5. Wer geh___ in die Kantine?
6. Mach___ Sie auch eine Pause?
7. Könn___ wir jetzt eine Pause machen?
8. Wer k________ mir helfen?

4. ein/eine *ekleyin.*

1. _______ Person
2. _______ Hotel
3. _______ Straße
4. _______ Übung
5. _______ Großstadt
6. _______ Ort
7. _______ Reise
8. _______ Hobby

Sonuçlarınızı bu kitabın sonunda bulunan cevap anahtarı ile karşılaştırın. Sonra puanlarınızı toplayın.

Toplam:		
	1 - 16	Devam etmeden önce bu dersi tekrar etmelisiniz.
	17 - 23	İyi, ama mükemmel değil. Lütfen diyalog ve grameri tekrar edin.
	24 - 28	Çok iyi. Sonraki dersle devam edin

Zu Hause – Evde

Claudia ve Robert bir saatlik yolculuktan sonra nihayet eve vardılar. Claudia'nın arkadaşı Niki de evde.
Niki onlara ne hazırladığını anlatıyor. O, geçmişte olan şeylerden bahsediyor. Bundan sonra bitmiş bir şey hakkında konuşmayı öğreneceksiniz.

1 *Burada bir şey eksik. Tamamlayın.Hazırlık için bir numaralı alıştırmayı yapın. Bütün sesli harfler eksik. Dikkatinizi çeken bir şey var mı? Çok sayıda* **e** *var, özellikle son eklerde:* hör**e**n, hör**e**, ess**e** *vs.*

2 Claudia ve Niki'nin evinde

1|56

→ *Şimdi hikayenin devamını dinleyin.*
→ *Okuyun ve dinleyin.*
→ *Kelimeleri öğrenin.*

Du bist ja zu Hause!	*Aa, evde misin!*
zu Hause	*evde*
Na klar.	*Tabii.*
Ich bin extra früher gegangen.	*Özellikle erken çıktım.*
extra	*özellikle*
früher	*erken*
gehen – er/sie geht, ist gegangen	*gitmek*
Alles bestens.	*Herşey yolunda.*
Claudia sagt, du arbeitest viel.	*Claudia, çok çalıştığını söylüyor.*
sagen – er/sie sagt, hat gesagt	*söylemek*
Ach was!	*Yok canım!*
Von nichts kommt nichts. (Sprichwort)	*Hiçten hiç çıkar. (deyim)*
sagt man	*insanlar söylüyor*
man	*kişi*
Die Arbeit macht auch Spaß.	*İş eğlencelidir de.*
Spaß (der)	*eğlence*
Du hast recht.	*Haklısın.*
recht haben – er/sie hat recht	*haklı olmak*
Und jetzt essen wir was.	*Ve şimdi bir şeyler yiyoruz.*
essen – du isst, er/sie isst, hat gegessen	*yemek*
was = etwas	*bir şey*
Nun bin ich dran.	*Şimdi sıra bende.*
nun	*şimdi*
dran sein – er/sie ist dran	*sırası olmak*
Ich habe nämlich eine Überraschung.	*Sürprizim var.*
nämlich	*yani*
Überraschung (die), die Überraschungen	*sürpriz*

Es gibt heute Spaghetti und Salat.	*Bugün spagetti ve salata var.*
geben – es gibt, hat gegeben	*vermek*
Spaghetti (die Pl.)	*spagetti*
Salat (der), die Salate	*salata*
Ich habe gekocht.	*Yemek yaptım.*
kochen – er/sie kocht, hat gekocht	*pişirmek*
klasse	*harika*

1|57

3 *Tamalayın.*
Doğru ifadeyi seçin. Sonra metni kontrol için tekrar dinleyin.

4 *Harf salatası*
Bulmacada gizlenmiş olan iki kelimeyi bulun. Bunlar sizin önceden öğrendiğiniz kelimeler:

H____________ and D____________.

5 *Robert, Claudia ve Niki ne diyor? İşaretleyin.*
Robert, Claudia ve Niki'nin ne söylediğini hatırlıyorsunuz değil mi?

6 *Tamamlayın.*
Burada sein *ve* haben *biçimleri eksik. Onlar di'li geçmiş zamana aittir.*

7 *Ne diyorlar?*
Burada tepkilerinizin ne kadar iyi olduğunu kontrol edebilirsiniz. Uygun ifade ile cevap verin.

8 *Robert'in günlüğü*

Di'li geçmiş zaman – Das Perfekt 1

			kochen
Singular	ich	habe	**gekocht**
	du	hast	
	er/sie	hat	
Plural	wir	haben	
	ihr	habt	
	sie/Sie	haben	

		gehen
ich	bin	**gegangen**
du	bist	
er/sie	ist	
wir	sind	
ihr	seid	
sie/Sie	sind	

- Geçmişte olan bir şeyden bahsederken, di'li geçmiş zaman kulllanılır.
  Örn.: *Gestern habe ich gekocht. Heute gehen wir essen.*
- Di'li geçmiş zaman iki bölümden oluşur: *Gestern habe ich Spaghetti gekocht. haben* veya *sein* fiillerinin çekilmiş hali (*ich habe, du hast* vs.) ve ortaç II (*gekocht*).
- Ortaç II genellikle *ge-* ile başlar ve *-(e)t (gearbeitet, gekocht)* veya *-en (gegangen)* ile biter. Cümlenin sonunda yer alır ve şekli değişmez.
- Türkçe'den farklı olarak Almanca'da zayıf ve güçlü fiiller vardır. Zayıf olanlar *-(e)t* ile, güçlü olanlar *-en* ile biter.

9 *Şimdi ne oluyor? Geçmişte ne oldu?*
*G (= Gegenwart = şimdi) veya **V** (= Vergangenheit = geçmiş) ile işaretleyin.*

____ Was hast du heute gemacht?
____ Wo bist du geboren?
____ Fahrt ihr in die Stadt?
____ Was heißt das?
____ Hast du Hunger?
____ Ich habe schon gegessen.
____ Hast du gearbeitet?
____ Du hast recht.
____ Ich bin früh nach Hause gegangen.
____ Wohin fährt die Bahn?

Sesli harfi değişen fiiller – Verben mit Vokalwechsel

		fahren	**sprechen**	**lesen**
Singular	ich	fahre	spreche	lese
	du	f**ä**hrst	spr**i**chst	l**ie**st
	er/sie	f**ä**hrt	spr**i**cht	l**ie**st
Plural	wir	fahren	sprechen	lesen
	ihr	fahrt	sprecht	lest
	sie/Sie	fahren	sprechen	lesen

Bazı güçlü fiillerde sesli harf değişir: *a* → *ä, i* → *i(e).*
du ve *er/sie* fiil biçimleri özeldir ve kelime listesinde verilmiştir.

10 *Özel* du- *ve* er/sie-*yapılarına sahip olan fiilleri aşağıya yazın.*

lesen | machen | essen | haben | gehen
sein | geben | trinken | fahren | nehmen | sprechen

Infinitiv	du	er/sie	Infinitiv	du	er/sie

11 *Zıt anlamlısı nedir?*

etwas	nichts
jemand (biri)	niemand *(hiçbiri)*
viel	wenig
früher	später

Ich habe heute nichts gekocht. — Ich ______.

Ist da jemand? — Da ist ______.

Du arbeitest zu wenig. — Nein, ich ______.

Wir sind extra später gegangen. — Ich bin extra ______.

12 *Tekrar ediyoruz.*
Cümleleri aklınızda tutun. En iyisi ezberleyin.

Katılmak / katılmamak

Du hast/Sie haben (nicht) recht.	*Haklı değilsin/değilsiniz.*
Ja./Nein./Einverstanden.	*Evet./Hayır./Tamam.*

Günlük konuşmadan 2

Du bist ja zu Hause! – Na klar.	*Aa, evdesin! – Elbette.*
Einverstanden? – Einverstanden.	*Tamam? – Tamam.*
(= Sind Sie/bist du einverstanden?	*(= Katılıyor musun/musunuz?*
– Ich bin einverstanden.)	*– Katılıyorum.)*
was = etwas	*bir şey*
extra: Ich bin extra früher gegangen.	*özellikle: Özellikle erken ayrıldım.*
Das ist prima/klasse.	*Bu harika/muhteşem.*
Ich bin/Du bist/Sie sind dran.	*Sıra bende/sende/sizde.*

Almanca'da son eklerde çoğunlukla *-e-* bulunur. Bu *-e-* belli belirsiz söylenir, tam bir *-e-* gibi telaffuz edilmez. Özellikle son eklerin telaffuzundan Almancanızın ne kadar iyi olduğu anlaşılır.

13 *Bu yüzden dikkatle dinleyin ve tekrar edin.* 1|58

essen	kochen	gehen
sagen	fragen	lesen
der Name	die Straße	die Adresse
die Tage	die Städte	die Berufe
der Hunger	das Wetter	die Nummer
die Studenten	die Minuten	die Verben

14 *Vurgu* 1|59
Burada daha önceden tanıdığınız bir kaç di'li geçmiş yapı var. Vurgu her zaman ikinci hecededir. Deneyin ve tekrar edin.

geboren gemacht gegessen gearbeitet gefahren gegangen

15 *Bir diyalog yazın. Aşağıdaki yedi cümleyi tamamlayın.* 1|60

Hallo.
Wer/... /dort/bitte?
Hier/Meyer.
.../dort Meyer/Telefon 46 88 11?
Nein/hier/... Meyer/Telefon 46 77 11.
Oh, Entschuldigung.
Bitte/sehr.

Şimdi dinleyin ve tekrar edin.

Ülke Bilgisi (Metin Kitabı sayfa 36)

Deyimler ve kullandıkları metaforlar çok eğlencelidir. Bunlar bir dilin tipik yapılarıdır. Sizin dilinizde benzer bir deyimin olup olmadığını ve bunun hangi metafor kullanılarak ifade edildiğini düşünün.

Kelimeleri ekleyin.

Deyimleri anlamanıza yardımcı olmak için işte size bir kaç örnek:

Biraz zaman harcarsanız, çözümü bulacaksınız:
Örn.: Oğlun huyu kötüdür (= elma), bunu babasından aldı (= ağaç).
Bazen bir şey denemek, üzerinde uzun zaman düşünmekten daha iyidir.
Örn.: Güleryüzlü olduğunuzda (= ses) güleryüzlü cevap alırsınız (= müzik).
Çok tasası olan, kendini iyi bir damla ile avutur (= likör, şarap, alkol).

Deyimlerin çevirilerini kelimeler listesinde bulacaksınız.

Kelimeler

1. *Tamamlayın.*

recht | was | Hunger | nichts | Spaß | dran

1. Du hast _______________.
2. Du bist _______________.
3. Hast du _______________?
4. Das macht _______________.
5. Von nichts kommt _______________.
6. Ach _______________!

2. *Cümleyi yazın.*

1. er | gegangen | extra | früher | ist _______________
2. arbeitet | er | viel _______________
3. recht | sie | hat _______________
4. eine | Überraschung | das | ist _______________
5. hat | wer | gekocht _______________
6. er | Spaghetti | hat | gekocht _______________

Gramer

3. haben *veya* sein *biçimlerini ekleyin.*

1. Was _______________ du gekocht? (haben)
2. _______________ Petra schon nach Hause gegangen? (sein)
3. _______________ ihr in die Stadt gefahren? (sein)
4. Wir _______________ um zwölf gegessen. (haben)
5. Er _______________ viel gearbeitet. (haben)
6. Was _______________ du heute gemacht? (haben)

4. *3. teklik şahısı yazın.*

1. fahren er/sie _______________
2. essen er/sie _______________
3. nehmen er/sie _______________
4. geben es _______________
5. sein er/sie _______________
6. sprechen er/sie _______________

Sonuçlarınızı bu kitabın sonunda bulunan cevap anahtarı ile karşılaştırın. Sonra puanlarınızı toplayın.

Toplam:		
	1 - 12	Bu dersi hemen tekrar etmenizi tavsiye ederiz.
	13 - 20	Fena değil, fakat henüz mükemmel değil. Lütfen diyalogları ve grameri tekrarlayın.
	21 - 24	Harika. isterseniz kelimeleri tekrar edin veya devam edin.

Die Wohnung ist schön – Daire güzel

Claudia ve Niki dairelerini kısa bir süre önce buldular. Nasıl yaşadıklarını merak ediyor olmalısınız.
Daireler, kiralar ve ilanlar hakkında çok şey öğreneceksiniz ve bir konu hakkında ne düşündüğünüzü söyleyebileceksiniz. Şüphesiz sıfatlar bunda önemli bir rol oynar.

1 *Ne nerede?*
Hazırlık için 1 numaralı alıştırmayı yapın.

das Wohnzimmer	*oturma odası*
das Schlafzimmer	*yatak odası*
die Küche	*mutfak*
das Bad	*banyo*
die Toilette	*tuvalet*
der Flur	*koridor*
der Balkon	*balkon*

2 İki oda, mutfak ve banyo
→ *Metni okuyun.*
→ *Kelimelerin hepsini bilmiyorsanız, kelime listesine bakın.*

Die Wohnung von Claudia und Niki ist nicht groß.	*Claudia ve Niki'nin dairesi büyük değil.*
Wohnung (die), die Wohnungen	*daire, daireler*
von	*-ın, -in*
Sie ist aber sehr gemütlich.	*Fakat çok rahat.*
gemütlich	*rahat*
Ein Zimmer mit Bad	*banyolu tek oda*
Zimmer (das), die Zimmer	*oda*
Bad (das), die Bäder	*banyo*
das reicht, hat Niki immer gesagt.	*Niki her zaman, bu kadarı yeter, derdi.*
reichen – es reicht, hat gereicht	*yetmek*
sagen – er/sie sagt, hat gesagt	*söylemek*
Und jetzt haben sie zwei Zimmer,	*Ve şimdi iki odaları var,*
eine Küche und ein Bad.	*bir mutfak ve bir banyo.*
Küche (die), die Küchen	*mutfak*
Auch für Besuch ist Platz.	*Misafirleri için de yer var.*
für	*için*
Besuch (der)	*misafir*
Platz (der)	*yer*
Robert schläft im Wohnzimmer.	*Robert oturma odasında uyuyor.*
schlafen – du schläfst, er/sie schläft, hat geschlafen	*uyumak*

Claudia hat lange zu Hause gewohnt	*Claudia uzun zaman ailesi ile yaşadı*
wohnen – er/sie wohnt, hat gewohnt	*oturmak*
und die Miete gespart.	*ve kiradan tasarruf etti.*
Miete (die), die Mieten	*kira*
sparen – er/sie spart, hat gespart	*tasarruf etmek*
Dann haben sie die Wohnung im Norden von Berlin gefunden.	*Sonra Berlin'in kuzeyinde bir daire buldular.*
finden – er/sie findet, hat gefunden	*bulmak*
Claudia hat die Anzeige gelesen.	*Claudia ilanı gördü.*
Anzeige (die), die Anzeigen	*ilan*
lesen – du liest, er/sie liest, hat gelesen	*okumak*
Dachwohnung (die), die Dachwohnungen	*çatı katı*
45 qm (= Quadratmeter)	*45 m² (= metrekare)*
550 Euro monatlich, warm, ab sofort frei	*aylık 550 Euro, ısınma ücreti dahil, hemen taşınılabilir*

2|1 *Metni dinleyebilirsiniz. Sonra bir kere yüksek sesle okuyabilirsiniz.*

3 *Hangisi doğru?*
Hatırlıyor musunuz? Doğru ifadeleri işaretleyin.

4 *Kendinizi Claudia'nın yerine koyup daire hakkında konuşun.* ich *ve* wir *kullanın.*

5 *Kiralar, kiralar, kiralar … eşleştirin.*
Kira miktarlarını daireler ve evlerle eşleştirin. Evler Münih ve çevresinden. Münih Almanya'nın en pahalı şehridir.

6 *Hesap yapıyoruz.*

7 *Fiilleri ekleyin.*

2|2 **8** *… hakkında ne düşünüyorsun?*
Önce örneği dinleyin. Biz soracağız, siz cevap verin. Doğru cevapları tekrar edin.

sein*'dan sonra yalın hal,* finden*'den sonra –i hali gelir. Bir çok fiil –i hali alır.*

9 *Sıfatı ekleyin.*
İsmin solunda yer alan sıfatların son eki vardır: das **schöne** Bad.
İsmin sağında yer alan sıfatların son eki yoktur: Das Bad ist **schön.**

Di'li geçmiş zaman – Das Perfekt 2

			kochen	wohnen	sparen	finden	lesen
Singular	ich	habe	gekocht	gewohnt	gespart	gefunden	gelesen
	du	hast					
	er/sie	hat					
Plural	wir	haben					
	ihr	habt					
	sie/Sie	haben					

Metinde geçmişten bahsediliyor. Metinde *haben* ile yapılmış di'li geçmiş zaman yapıları var.

10 *Uygun cevabı aşağıya yazın.*

1. Wohnt er in Hamburg? _____
2. Spart sie? _____
3. Geht Peter nach Hause? _____
4. Findet Claudia eine Wohnung? _____
5. Liest sie die Anzeige? _____
6. Kochst du? _____

a. Sie hat gespart.
b. Er hat in Hamburg gewohnt.
c. Sie hat schon eine Wohnung gefunden.
d. Er ist schon nach Hause gegangen.
e. Sie hat die Anzeige schon gelesen.
f. Ich habe schon gekocht.

Artikel: belirli ve belirsiz – Artikel: bestimmt und unbestimmt – Nominativ und Akkusativ: *der, ein – den, einen*

teklik		eril	dişi	nötr
belirli artikel	*yalın hal*	der Balkon	die Küche	das Bad
belirsiz artikel		ein Balkon	eine Küche	ein Bad
belirli artikel	*-i hali*	**den** Balkon	die Küche	das Bad
belirsiz artikel		**einen** Balkon	eine Küche	ein Bad

11 *Belirsiz artikeli* (ein/eine) *ekleyin.*

Was ist das?

1. Das ist _______ Kantine.
2. Das ist _______ Bad.
3. Das ist _______ Wohnzimmer.
4. Das ist _______ Balkon.
5. Das ist _______ Küche.
6. Das ist _______ Schlafzimmer.

1

4

2

5

3

6

12 *Şimdi belirli artikeli* (der / die / das) *ekleyin.*

_______ Kantine ist sehr groß.

_______ Bad ist klein.

_______ Wohnzimmer ist gemütlich.

_______ Balkon ist schön.

_______ Küche ist praktisch.

_______ Schlafzimmer ist nicht groß.

13 *Belirli artikeli* (den, die, das) *ekleyin.*

Wie finden Sie _______ Kantine?

Wie finden Sie _______ Bad?

Wie finden Sie _______ Wohnzimmer?

Wie finden Sie _______ Balkon?

Wie finden Sie _______ Küche?

Wie finden Sie _______ Schlafzimmer?

14 *Belirsiz artikeli* (einen, eine, ein) *ekleyin.*

Wir haben _______ Wohnung gefunden. Sie ist sehr schön.

Wir haben _______ Anzeige gelesen. Sie ist sehr interessant.

Wir haben _______ Lösung gefunden. Sie ist richtig.

Wir haben _______ Salat gemacht. Er ist sehr gut.

Wir haben _______ Büro im Zentrum gefunden. Das ist sehr praktisch.

15 *Tekrar ediyoruz ve konuyla ilgili kelimeler öğreniyoruz.*

Yaşamak

wohnen – er/sie wohnt, hat gewohnt	*yaşamak*
die Wohnung, die Wohnungen	*daire*
das Haus, die Häuser	*ev*
das Wohnzimmer	*oturma odası*
das Schlafzimmer	*yatak odası*
die Küche, die Küchen	*mutfak*
das Bad, die Bäder	*banyo*
der Balkon, die Balkone	*balkon*
der Flur, die Flure	*koridor*
die Toilette, die Toiletten	*tuvalet*
die Terrasse, die Terrassen	*teras*
der Garten, die Gärten	*bahçe*
die Tür, die Türen	*kapı*
die Garage, die Garagen	*garaj*
die 2-Zimmer-Wohnung	*iki odalı daire*
die Miete, die Mieten	*kira*
monatlich kalt/warm	*aylık soğuk/sıcak*
der Platz (viel/wenig Platz)	*yer (az/çok yer)*
gemütlich – alt – neu	*rahat – eski – yeni*

16 *Şimdi rakamları söyleyin. Konuşmacının telaffuzunu mümkün olduğu kadar taklit etmeye çalışın. Özellikle z- ve -zig son ekine dikkat edin.*

2|3

zehn	zwanzig	dreißig	siebzig
elf	einundzwanzig	vierzig	achtzig
zwölf	zweiundzwanzig	fünfzig	neunzig
dreizehn	dreiundzwanzig	sechzig	hundert
…	…		

17 *Şimdi bir kaç fiyat dinliyorsunuz. Sadece rakamları yazın.*

2|4

Kaffee: ____________ €

Fahrkarte: __________ €

Wohnung: __________ €

Haus: ______________ €

1-Zimmer-Wohnung München: ______________ €

1-Zimmer-Wohnung Norddeutschland: _________ €

18 *Dinleyin ve tekrar edin.*
Genç bir çift daire arıyorlar. Koca, ev sahibine telefon ediyor.

2|5

Herr Bergmann:	Bergmann.
Paul Fischer:	Guten Tag, Herr Bergmann. Hier Fischer. Wir haben Ihre Anzeige gelesen. Ist die Wohnung noch frei?
Herr Bergmann:	Ja, da haben Sie Glück. Die ist noch frei.
Paul Fischer:	Prima. Wir – hm – meine Frau und ich – kommen sofort. Geht das?
Herr Bergmann:	Ja. Es ist jetzt 3 Uhr. Wann sind Sie dann hier?
Paul Fischer:	So um 5. Nicht später.
Herr Bergmann:	Gut, also dann bis 5.
Paul Fischer:	Bis 5. Vielen Dank. Auf Wiedersehen.

Ülke Bilgisi (Metin Kitabı sayfa 40)

Çözüm, bir çok durumda dileyebileceğiniz bir dilektir. Buna uygun olarak bir kaç tane şans getiren sembol görünüyor.

Rakamları ekleyin.
Harfleri yazın.

das Hufeisen	*at nalı*
der Fliegenpilz	*al sinekçi mantarı [amanita muscaria]*
der Schornsteinfeger	*baca temizleyicisi*
das Kleeblatt	*yonca*

Kelimeler

1. *Doğru çeviriyi işaretleyin.*

1. die Wohnung
☐ daire
☐ koridor
☐ oturma odası

2. die Anzeige
☐ ilan
☐ zaman
☐ gazete

3. die Garage
☐ bahçe
☐ garaj
☐ kamelya

4. 500 € monatlich kalt
☐ aylık 500 Euro ısıtma içinde
☐ aylık 500 Euro ısıtmasız
☐ haftalık 500 Euro

5. ab sofort frei
☐ hemen taşınılabilir
☐ ay sonundan itibaren taşınılabilir
☐ depozitosuz

6. Die Wohnung ist gemütlich.
☐ daire büyük.
☐ daire hoş.
☐ daire rahat.

Gramer

2. *Artikeli ekleyin.*

1. Die Wohnung hat 2 Zimmer: ________ Wohnzimmer und ________ Schlafzimmer.
2. Sie hat natürlich auch ________ Flur, ________ Küche und ________ Bad.
3. Sie hat k________ Terrasse.
4. Aber sie hat ________ Balkon.
5. ________ Bad ist nicht sehr groß.
6. ________ Toilette ist extra.

3. *Tamamlayın:* gewohnt, gefunden, gespart, gesagt, gelesen, gemietet.

1. Wir haben eine Wohnung ____________________. (finden)
2. Was hast du ____________________?
3. Ich habe Geld ________________. Ich habe zu Hause ________________.
4. Wir haben die Anzeige ________________.
5. Wir haben eine Dachwohnung ________________. (mieten)

Duyulanı Anlama

2|6

4. *İki kişi bir daire arıyorlar. Anladınız mı? Doğru cevapları işaretleyin.*

1. Die Wohnung hat
☐ 1 Zimmer mit Bad.
☐ 2 Zimmer.
☐ 3 Zimmer.

2. Sie ist
☐ 35 qm groß.
☐ 46 qm groß.
☐ 55 qm groß.

3. Die Miete ist
☐ 600 Euro kalt.
☐ 850 Euro warm.
☐ 850 Euro kalt.

4. Die Telefonnummer ist
☐ 0911 – 62524.
☐ 0211 – 62424.
☐ 0911 – 62424.

Sonuçlarınızı bu kitabın sonunda bulunan cevap anahtarı ile karşılaştırın. Sonra puanlarınızı toplayın.

Toplam:		
	1 - 11	Bu, pek iyi değil. Dersi tekrar edin.
	12 - 18	Fena değil. Kelimeleri ve gramer tekrar ederseniz iyi olur.
	19 - 21	Çok iyi. Sonraki derse geçebilirsiniz.

Viel Verkehr! – Çok trafik!

Ertesi sabah bayan Bruckner otelinden bir taksi ile Europartner şirketine gider. Biraz geç kalır. Bu saatleri öğrenmek için bir fırsat.

1 *Saatler – Eşleştirin.*
Hazırlık olarak 1 numaralı alıştırmayı yapın. Saatlerin hepsi farklı zamanları gösteriyor. Zamanları ve saatleri eşleştirin. Saatin doğru ya da yanlış, hızlı ya da yavaş olduğunu belirtin.

Armbanduhr	*kol saati*
Taschenuhr	*cep saati*
Digitaluhr	*dijital saat*
Kuckucksuhr	*guguklu saat*
Küchenuhr	*mutfak saati*
Bahnhofsuhr	*istasyon saati*

Die Uhr geht ...	*Saat ...*
... richtig.	*... doğru.*
... falsch.	*... yanlış.*
... vor.	*... hızlı.*
... nach.	*... yavaş.*

2 Chris Bruckner taksi ile Europartner şirketine gider

→ *Onun acelesi var ve taksiye biniyor. Taksi şoförüne ne dediğini dinleyin. Diyaloğu en az iki kez dinleyin.* 2|7

→ *Ne olup bittiğini anlamanız için kelime listesine başvurabilirsiniz.*

Bitte in die Potsdamer Straße Nummer 205.	*Lütfen Potsdamer caddesi 205 numaraya.*
Nummer (die), die Nummern	*numara*
Heute ist viel Verkehr.	*Bugün çok trafik var.*
Verkehr (der)	*trafik*
Haben Sie es sehr eilig?	*Çok aceleniz mi var?*
es eilig haben – er/sie hat es eilig	*acele içinde olmak*
Ja, ich habe einen Termin um 10 Uhr.	*Evet, saat 10'da bir randevum var.*
Termin (der), die Termine	*randevu*
um 10 Uhr	*saat 10'da*
Uhr (die), die Uhren/die Uhrzeit	*saat*
Kein Problem.	*Sorun değil.*
Problem (das), die Probleme	*sorun*
Wie weit ist es?	*Ne kadar uzak?*
Wie lange brauchen wir?	*Ne kadar sürer?*
brauchen – er/sie braucht, hat gebraucht	*ihtiyaç olmak*
Ungefähr vierzig Minuten.	*Yaklaşık 40 dakika.*
ungefähr	*yaklaşık*
Wir nehmen die Stadtautobahn.	*Şehir otobanından gideceğiz.*
Stadtautobahn (die), die Stadtautobahnen	*şehir otobanı*
Berlin hat viel Wasser.	*Berlin'de su çok.*
Wasser (das)	*su*
Man sieht viele Häfen und Kanäle.	*Pek çok liman ve kanal görüyorsun*
sehen – du siehst, er/sie sieht, hat gesehen	*görmek*

Hafen (der), die Häfen	*liman*
Kanal (der), die Kanäle	*kanal*
Wie in Venedig.	*Venedik'te gibi.*
fast	*neredeyse*
Ich komme leider eine Viertelstunde später.	*Korkarım 15 dakika geç kalacağım.*
Viertelstunde (die)	*15 dakika*
Bis gleich.	*Görüşürüz.*
Morgens ist immer Stau.	*Sabahları trafik hep yoğun.*
morgens	*sabahları*
Stau (der), die Staus	*yoğun trafik*
mittags	*öğlenleri*
abends	*akşamları*
Schrecklich!	*Korkunç!*
Da sind wir.	*İşte buradayız.*
Und bitte eine Quittung.	*Ve fiş lütfen.*
Quittung (die), die Quittungen	*fiş*

! *Stadtautobahn* kelimesi die *Stadt* ve *die Autobahn* kelimelerinden oluşuyor. Almanca'da pek çok birleşik isim var.

! morgen**s** um acht = **immer** morgens um acht
heute Morgen = **nur** heute Morgen

3 *Bunu kim söyledi? Bayan Bruckner mi yoksa taksi şoförü mü?*

4 *Tamamlayın.*
Metindeki bazı isimler yok oldu. Doğru isimleri seçin ve diyaloğu tamamlayın.

5 *Saat kaç?*

2|8 **6** *Konuşma alıştırması.*
Şimdi aceleniz var ve taksiye biniyorsunuz. Önce örneği dinleyin. Sonra anahtar kelimeleri kullanarak konuşun. Biz sizi sonra düzelteceğiz.

2|9 **7** ... *istiyorum.*
Eğer özel bir yere gitmek istiyorsanız, nach *deyin.*
Fotoğraflara bakın. Oraya gitmek istiyorsunuz. Söylemek istediğinizi yazın.
Sonra konuşarak çalışın. Önce örneği dinleyin. Sonra kendiniz cevap verin.

Çokluk– Der Plural

Almanca'da çokluğu belirtmenin 9 farklı yapısı vardır. İşte mümkün olan yapılar.
Değişik çokluk yapılarını inceleyin ve isimleri çokluğuyla birlikte öğrenin. Dikkat: Elbette çokluğu olmayan bazı isimler var; *das Wetter* veya *der Verkehr* veya *der Norden, der Süden.*

Singular		Plural
das Zimmer		die Zimmer
der Tag	⊕-e	die Tag**e**
die Stadt	umlaut⊕-e	die St**ä**dt**e**
der Hafen	umlaut	die H**ä**fen
das Kind	⊕-er	die Kind**er**
das Land	umlaut⊕-er	die L**ä**nd**er**
das Auto	⊕-s	die Auto**s**
die Frage	⊕-n	die Frage**n**
die Bahn	⊕-en	die Bahn**en**

Belirli artikelin çokluğu her zaman *die* şeklindedir.

!

İsimler hakkında her zaman iki şey hatırlayın: artikelin teklik ve ismin çokluk halini.
Yani: *das Auto, die Autos.*

8 *Bir dizi isim dinleyin. Teklik veya çokluk haline göre işaretleyin.* 2|10

	1.	2.	3.	4.	5.	6.	7.	8.
Singular	☐	☐	☐	☐	☐	☐	☐	☐
Plural	☐	☐	☐	☐	☐	☐	☐	☐

9 *Teklik ve çokluk halleri ekleyin.*

Singular	Plural
	die Hobbys
die Adresse	
	die Kinder
das Hotel	
	die Namen
der Tag	
das Auto	
die Nummer	
	die Stunden
	die Länder
die Frage	

Saat (resmi olmayan ve resmi) – Die Uhrzeit (informell und offiziell)

resmi olmayan

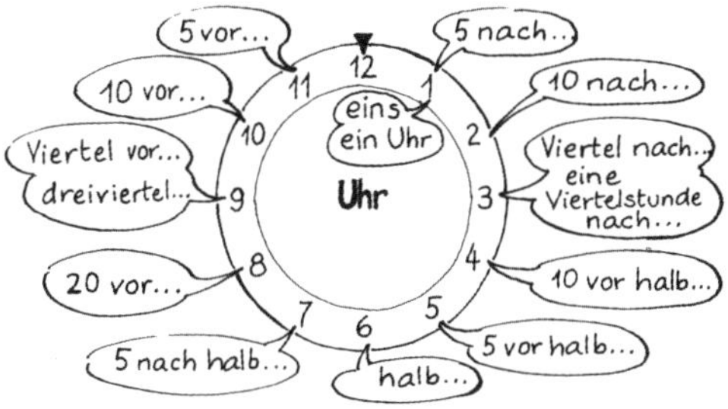

resmi

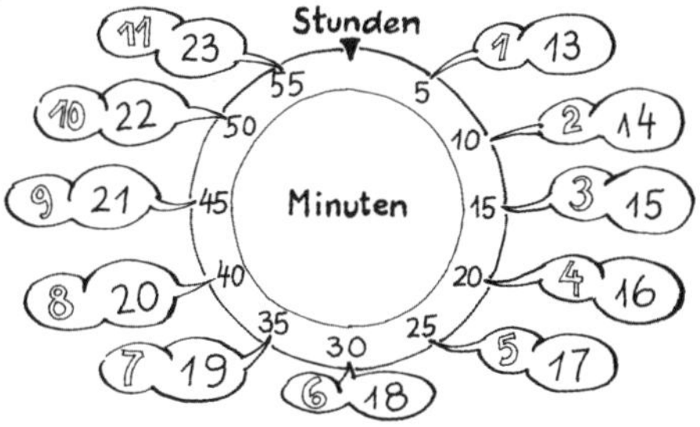

10 *Radyodan tam saati duyduğunuzu hayal edin. Onları konuşmada kullanılan şekle "çevirin". Cümleyi tamamlayın.*

Örnek: Es ist jetzt neunzehn Uhr. → Es ist sieben.

Es ist jetzt elf Uhr dreißig. Es ist __________ __________.

Es ist jetzt sechzehn Uhr fünfzehn. Es ist __________ nach __________.

Es ist jetzt zehn Uhr fünfundvierzig. Es ist __________ vor __________.

Es ist jetzt dreizehn Uhr. Es ist ____________________.

Es ist jetzt neun Uhr zehn. Es ist __________ nach __________.

Es ist jetzt neun Uhr vierzig. Es ist __________ vor __________.

11 *Tekrar ediyoruz*

Zamanı sormak

Wie spät ist es?	*Saat kaç?*
Es ist ... (3 Uhr).	*saat ... (saat 3).*
Ungefähr ... 3.	*Yaklaşık ... 3.*
... (5) Minuten vor/nach ... 3.	*... (5) dakika var / 3'ü (5) dakika geçiyor.*
Viertel vor/nach ... (4).	*çeyrek var / 4'ü çeyrek geçiyor.*
halb drei, halb vier	*iki buçuk, üç buçuk*

Takside

Sind Sie frei? Zum Flughafen bitte.	*Boş musunuz? Hava alanına lütfen.*
Bitte in die ... (Potsdamer Straße Nummer 205).	*Lütfen ... a (Potsdamer caddesi 205).*
Bitte nach ... (Tegel/Siemensstadt).	*Lütfen ... a (Tegel/Siemensstadt).*
Ich habe es eilig/sehr eilig.	*Acelem var/Çok acelem var.*
Ich habe einen Termin um ... (10 Uhr).	*Saat ... da randevumuz var. (saat 10).*
Wie lange brauchen wir?	*Ne kadar sürer?*
Bitte eine Quittung.	*Bir fiş lütfen.*

Kısa ve uzun vokaller – Die kurzen und die langen Vokale

12 *Dinleyin ve tekrar edin.*
Şimdi kısa ve uzun vokalli bazı kelimeler duyacaksınız. Duyduklarınızı işaretleyin ve kelimeyi tekrar edin.

2|11

	v**ie**l	l**i**nks	**a**bends	f**a**st	Pr**o**bl**e**m	Kan**a**l	schr**e**cklich	m**o**rgens
lang	☐	☐	☐	☐	☐	☐	☐	☐
kurz	☐	☐	☐	☐	☐	☐	☐	☐

13 *Dinleyin ve tekrar edin.*

2|12

Zum Flughafen bitte.
Bitte nach Siemensstadt.
Bitte eine Quittung.

Wie spät ist es?
Viertel vor drei
Ungefähr drei.

14 *Dinleyin ve tekrar edin.*
Şimdi vokalleri çalışıyoruz. Konuşmacının telaffuzunu mümkün olduğu kadar taklit etmeye çalışın.

2|13

eilig	Ich habe es eilig.
weit	Wie weit ist es?
ungefähr	Ungefähr vierzig Minuten.
später	Ich komme später.
heute Abend	Haben Sie heute Abend Zeit?

Ülke Bilgisi (Metin Kitabı sayfa 44)

Bu sayfa özellikle Avrupa oturmayanlar için ilginç gelecektir. Mesafeleri yanlış tahmin etmek çok kolaydır. Bu herkes için çok iyi bir alıştırma.
Ayrıca karşılaştırmanın nasıl yapılacağını gösteriyor
... weiter als ...: Oslo ist von Frankfurt weiter als Warschau. (... –den daha uzak ...: Oslo Frankfurt'a Varşova'dan daha uzaktır.)

Bu, Frankfurt'tan ne kadar uzaklıkta?
6 ülke – 6 başkent
Başkentleri yazın.
Tamamlayın.

Kelimeler

1. *Eksik kelimeyi tamamlayın.*

1. Hallo, ____________ Sie frei?
2. Wohin ____________ Sie?
3. ____________ Siemensstadt.
4. Wie ____________ brauchen wir?
5. Nicht lange. Eine halbe ____________.
6. Wir sind da. – Bitte eine ____________.

2. *Doğru çeviriyi işaretleyin.*

1. Die Uhr geht falsch.
☐ Saat hızlı.
☐ Saat yavaş.
☐ Saat yanlış.

2. Die Uhr geht vor.
☐ Saat doğru.
☐ Saat hızlı.
☐ Saat yanlış.

3. Die Uhr geht nach.
☐ Saat hızlı.
☐ Saat yavaş.
☐ Saat doğru.

4. Ungefähr 20 Minuten.
☐ Yaklaşık 20 dakika.
☐ 20 dakika sonra.
☐ 20 dakika geçiyor.

5. Viertel nach drei
☐ Üçe çeyrek var.
☐ Üçü çeyrek geçiyor.
☐ Üçü 14 dakika geçiyor.

6. Viertel vor sieben
☐ 7:40.
☐ Yediye 14 dakika var.
☐ Yediye çeyrek var.

Gramer

3. *Resmi zamanı yazın.*

1. 10 nach 3 (nachmittags) Es ist ____________________.
2. 5 Minuten vor 5 (nachmittags) Es ist ____________________.
3. Viertel nach sechs (abends) Es ist ____________________.
4. Viertel vor 8 abends Es ist ____________________.
5. 7 nach halb 10 (vormittags) Es ist ____________________.
6. 5 vor 12 (mittags) Es ist ____________________.

4. *Çokluk halini yazın.*

1. die Stadt ____________
2. das Taxi ____________
3. die Quittung ____________
4. der Termin ____________
5. das Büro ____________
6. die Anzeige ____________
7. das Haus ____________
8. die Nummer ____________

Sonuçlarınızı bu kitabın sonunda bulunan cevap anahtarı ile karşılaştırın. Sonra puanlarınızı toplayın.

Toplam:		
	1 - 13	Devam etmeden önce dersi gerçekten tekrar etmenizi tavsiye ediyoruz.
	14 - 22	Fena değil, ama henüz mükemmel değil. Diyalog ve grameri tekrar edin.
	23 - 26	Harika. Devam edebilirsiniz.

Die Firmenbesichtigung, Teil 1 – Şirket turu, bölüm 1

Öğlen yemeğinden önce programda şirket turu var.
Nasıl davet edeceğinizi öğreniyorsunuz ve bir şirketin yapısına göz atıyorsunuz.

1 *İşaretleyin.*
Hazırlık olarak bir numaralı alıştırmayı yapın. Ulaşım aracını seçerken muhakkak tercihleriniz vardır.
Belki belli bir ulaşım aracını tercih etme sebebinizi açıklarsınız.
Bu yüzden, sebep belirtmek için kullanabileceğiniz bazı ifadeler tavsiye ediyoruz.

teuer – billig	*pahalı – ucuz*
schnell – langsam	*hızlı – yavaş*

2 Akşam yemeğine davet ve şirket turu

2|14

11A

→ *Bayan Bruckner'in neler gördüğünü dinleyin. Ondan önce bay Kühne'nin özel bir önerisi var. Metni en az iki kere dinleyin.*
→ *Eğer anlamadığınız bir yer varsa, aşağıdaki kelime listesine bakabilirsiniz.*

Es ist 11 Uhr.	*Saat 11.*
Mein Vorschlag …	*Benim önerim …*
Vorschlag (der), die Vorschläge	*öneri*
Wir machen jetzt eine Firmenbesichtigung.	*Şimdi bir şirket turu yapıyoruz.*
Firmenbesichtigung (die) (die Firma + die Besichtigung)	*şirket turu*
Und um zwölf gehen wir in die Kantine.	*Ve saat 12'de kantine gideceğiz.*
Eine Frage, …	*Bir soru, …*
Haben Sie heute Abend Zeit?	*Bu akşam vaktiniz var mı?*
Wir möchten Sie zum Essen einladen.	*Sizi yemeğe davet etmek istiyoruz.*
Essen (das)	*yemek*
einladen – du lädst ein, er/sie lädt ein, hat eingeladen	*davet etmek*
Ist sieben Uhr in Ordnung?	*Saat 7 uygun mu?*
in Ordnung	*uygun*
Ordnung (die)	*düzen*
Geht auch halb acht?	*Yedi buçuk da uygun mu?*
Wann fliegen Sie zurück?	*Ne zaman uçakla dönüyorsunuz?*
zurückfliegen – er/sie fliegt zurück, ist zurückgeflogen	*uçakla dönmek*
Das heißt, ich fahre mit dem Zug.	*Aslında trenle gidiyorum*
das heißt	*burada: aslında*
mit dem Zug	*trenle*
Zug (der), die Züge	*tren*
Das sind nur 6 einhalb Stunden.	*Sadece altı buçuk saat sürüyor.*

2|15

11B

So, hier ist also der Vertrieb.	*Demek, burası satış bölümü.*
Die Geschäftsleitung und das Sekretariat sind hier geradeaus.	*Yönetim bölümü ve sekreterlik tam karşıda.*
Geschäftsleitung (die)	*yönetim bölümü*
Sekretariat (das)	*sekreterlik*
geradeaus	*karşıda*
Wir nehmen jetzt den Aufzug.	*Şimdi asansöre bineceğiz.*
Aufzug (der), die Aufzüge	*asansör*
Keller (der), die Keller	*bodrum katı*
Einen Moment …	*Bir dakika …*
Archiv (das), die Archive	*arşiv*

Kelime öğrenmek için bir ipucu. Öğreneceğiniz kelime sayısı 5 ile 10 arasında olmalı. Sonra tekrar 5 ile 10 arasında kelime öğrenin. Sizin için önemli olan kelimeleri işaretleyin.

3 *Metni tamamlayın. Zamanı bildiren ifadeler eksik.*
Burada bütün zaman bildiren ifadeler kaybolmuş. Metni okuyun ve doğru ifadeyle tamamlayın.

4 *Doğru olan hangisi? İşaretleyin.*
Ne söylendiğini hatırlıyorsunuz değil mi? Şimdi size bazı sorular soracağız.

5 Nein *ile cevap verin.*

6 *Ne uygun değil?*
Bu fiiller –i hali almış. Uygun olmayan her –i hali şeklinin altını çizin.

2|16

7 *Diyaloğu örnekteki gibi çalışın. Sonra dinleyin.*

8 *Chris Bruckner'in notları.*

-i hali – Der Akkusativ

		eril	dişi	nötr
şahıs zamiri		er	sie	es
belirli artikel	*yalın hal*	der Balkon	die Wohnung	das Bad
belirsiz artikel		ein Balkon	eine Wohnung	ein Bad
olumsuz artikel		**k**ein Balkon	**k**eine Wohnung	**k**ein Bad
belirli artikel	*-i hali*	**den** Balkon	die Wohnung	das Bad
belirsiz artikel		ein**en** Balkon	eine Wohnung	ein Bad
olumsuz artikel		**keinen** Balkon	**k**eine Wohnung	**k**ein Bad

Yalın hal ve –i hali

sein'dan sonra yalın hal gelir: *Das ist eine Dachwohnung. Die Wohnung ist schön.*
Çoğu fiilden sonra –i hali gelir: *Wir möchten einen Balkon. – Ihr habt einen Balkon.*
Sadece eril teklik –i halinin yapısı farklıdır: *Ich möchte keinen Tee.*

Belirli ve belirsiz artikel

• Birşeyi anlatırken, ilk önce belirsiz artikeli kullanırsınız:
*Das ist **eine** Dachwohnung.*
• Sonra belirli artikeli kullanırsınız, çünkü nesne artık biliniyordur:
***Die** Wohnung finde ich schön.*

Olumsuz artikel

- *kein-, ein-*'ın olumsuzudur ve *nicht* anlamına gelir: *Wir haben **keinen** Balkon.*
- *ein-* ve *kein-* her zaman ismin önünde bulunur.

9 den, die, das *ve* der, die, das *ekleyin.*

Nehmen Sie ________ Bus? – Nein, ________ Bus ist schon weg.
Nehmen Sie ________ Bahn? – Nein, ________ Bahn ist schon weg.
Nehmen Sie ________ Zug? – Nein, ________ Zug ist schon weg.
Nehmen Sie ________ Flugzeug? – Nein, ________ Flugzeug ist schon weg.
Nehmen Sie ________ Auto? – Nein, ________ Auto ist kaputt.

10 *Artikeli ekleyin.*

Wir haben ________ Kantine. – Aber ______ Kantine ist nicht gut.
Gibt es hier ________ Aufzug? – Ja, ________ Aufzug ist da geradeaus.
Machen wir ________ Pause? – Ja, ________ Pause ist um zwölf.
Haben Sie schon ________ Hotel? – Ja, ________ Hotel liegt direkt im Zentrum.
Wir haben ________ Dachwohnung. – ___________ Wohnung ist sehr gemütlich.

11 *Eksik olan -i hali yapısını ekleyin.*

Wir haben _________ ___________ (ein Termin).

Wir nehmen _______ ___________ und _______ __________. (der Bus, die Bahn)

Möchten Sie _______ ___________? (ein Kaffee)

Kennen Sie _________ ___________? (der Hafen)

Wir möchten _______ ___________ (der Reichstag) besichtigen.

Wir möchten _______ ___________ (ein Ausflug) machen.

12 kein- *ve* ein- *ekleyin.*

Ist das Tee? – Nein, das ist ______ Tee, das ist Kaffee.

Ist das eine Pension? – Nein, das ist ______ Pension, das ist ______ Hotel.

Ist das eine Telefonnummer? – Nein, das ist ______ Telefonnummer, das ist ______ Passwort.

Ist das ein Vorname? – Nein, das ist ______ Vorname, das ist ______ Nachname.

Ist Australien ein Land? – Nein, Australien ist ______ Land, es ist ______ Erdteil.

Ist das eine Vorwahlnummer? – Nein, das ist ______ Vorwahlnummer, das ist ______ Postleitzahl.

13 kein- + *isim veya* nicht + *fiil – Olumsuz yapın.*

Ich habe ein Auto.	Ich habe ________ Auto.
Ich fliege.	Ich fliege ________.
Ich fliege gern.	Ich fliege ________ ________.
Ich fahre mit dem Auto.	Ich fahre ________ mit dem Auto.
Ich habe Zeit.	Ich habe ________ Zeit.
Ich komme.	Ich komme ______.
Ich habe eine Frage.	Ich habe ________ Frage.

14 *Tekrar ediyoruz.*

Birisini davet etmek

Haben Sie …(heute Abend/morgen/…) Zeit?	*… (bu akşam/yarın/…) vaktiniz var mı?*
Wir möchten Sie zum Essen einladen.	*Sizi yemeğe davet etmek istiyoruz.*
Gerne. Vielen Dank.	*İyi. Teşekkürler.*
Ist ... (sieben Uhr) in Ordnung?	*... (saat yedi) uygun mu?*
– Ja natürlich./Geht auch halb acht?	*– Evet tabii./Yedi buçuk da uygun mu?*

Vurgu

15 *İşaretleyin ve tekrar edin.*
Almanca'da kelimelerin çoğunda ilk hecededir. İyi dinleyin. Vurgulu olan heceyi işaretleyin. Sonra kelimeyi tekrar edin.

2|17

1.	2. hece		1.	2. hece		1.	2. hece		1.	2. hece	
☐	☐	Straße	☐	☐	morgens	☐	☐	Geschäft	☐	☐	München
☐	☐	Verkehr	☐	☐	Reise	☐	☐	Besuch	☐	☐	Norden
☐	☐	Quittung	☐	☐	machen	☐	☐	Zimmer	☐	☐	gestern
☐	☐	Nummer	☐	☐	Beruf	☐	☐	Mittag	☐	☐	Frage
☐	☐	Termin	☐	☐	Handy	☐	☐	Berlin	☐	☐	Vorschlag

16 *İşaretleyin ve tekrar edin.*
Burada bazı üç heceli kelimeler var. Önce dinleyin sonra vurgulu heceyi işaretleyin. Sonunda kelimeleri tekrar edin.

2|18

1.	2.	3. hece		1.	2.	3. hece	
☐	☐	☐	Stadtrundfahrt	☐	☐	☐	Fahrkarte
☐	☐	☐	Anzeige	☐	☐	☐	sympathisch
☐	☐	☐	Telefon	☐	☐	☐	Kantine
☐	☐	☐	arbeiten	☐	☐	☐	Geburtsort
☐	☐	☐	Adresse	☐	☐	☐	Grammatik

17 *Uzmanlar için bir alıştırma. İşaretleyin ve tekrar edin.*
Eğer vurgu sizin için yeni ise, endişelenmeyin. Daha çok Alman metni okuyup duydukça kolaylaşacaktır.
Dinleyin ve vurgulu olan heceyi işaretleyin.

2|19

1.	2.	3.	4. hece		1.	2.	3.	4. hece	
☐	☐	☐	☐	buchstabieren	☐	☐	☐	☐	besichtigen
☐	☐	☐	☐	interessant	☐	☐	☐	☐	geradeaus
☐	☐	☐	☐	Informatik	☐	☐	☐	☐	Entschuldigung
☐	☐	☐	☐	Information					

Ülke Bilgisi (Metin Kitabı s. 48)

Sizi bir sürpriz bekliyor. START'ta başlayın. Bitişe giden yolu bulun. Harflerden iki cümle oluşuyor. Bu cümleler nelerdir.
İyi eğlenceler!

Weg (der) *yol*
Ziel (das) *bitiş, hedef*

Kelimeler

1. *Doğru çeviriyi işaretleyin.*

1. die Einladung
☐ tur
☐ davet
☐ öneri

2. mit dem Zug
☐ uçakla
☐ otobanda
☐ trenle

3. Das macht Spaß.
☐ Bu korkunç.
☐ Bu eğlenceli.
☐ Burada yer yok.

4. zum Essen einladen
☐ randevusu olmak
☐ geç kalmak
☐ birini yemeğe davet etmek

5. heute Abend
☐ bu akşam
☐ bugün daha sonra
☐ akşam

6. der Vorschlag
☐ su
☐ yemek
☐ öneri

2. *Fiili ekleyin.*

1. Zeit ______________
2. zum Essen __________
3. ein Taxi ____________
4. mit dem Zug ________
5. zu Fuß ______________
6. einen Termin ________

Gramer

3. ein- *veya* kein-? – *Tamamlayın.*

1. Gibt es hier ________ Telefon? – Nein, hier gibt es ________ Telefon.
2. Gibt es hier ________ Aufzug? – Nein, hier gibt es ________ Aufzug.
3. Gibt es hier ________ Kantine? – Nein, hier gibt es ________ Kantine.
4. Gibt es hier ________ Vertrieb? – Nein, hier gibt es ________ Vertrieb.
5. Gibt er hier ________ Firmenbesichtigung? – Nein, hier gibt es ________ Firmenbesichtigung.
6. Gibt es hier ________ Chef? – Nein, hier gibt es ________ Chef.

4. *Her cümlede –i hali eksik. Lütfen tamamlayın.*

1. der Hafen – Wir besichtigen heute ________ ____________.
2. der Bus – Wir nehmen ________ ____________.
3. der Stau – Siehst du ________ ____________?
4. der Zug – Wir nehmen ________ ____________ um achtzehn Uhr.
5. der Aufzug – Nehmen Sie ________ ____________?
6. die Kantine – Gehen wir in ________ ____________?
7. der Raum – Wir haben ________ ____________ Nummer 3.
8. die Arbeit – Wer macht ________ ____________?

Sonuçlarınızı bu kitabın sonunda bulunan cevap anahtarı ile karşılaştırın. Sonra puanlarınızı toplayın.

Toplam:		
	1 - 13	Devam etmeden önce bu dersi kesinlikle bir kere daha tekrar etmenizi tavsiye ediyoruz.
	14 - 22	İyi, fakat henüz mükemmel değil. Lütfen diyalogları ve grameri tekrar edin.
	23 - 26	Çok iyi. Sonraki derse geçebilirsiniz.

Die Firmenbesichtigung, Teil 2 – Şirket turu, bölüm 2

1 *Ne görüyorsunuz? Eşleştirin.*
Şirket turunda çeşitli bölümlerin adları belirtiliyor. Metni dinlemeden önce, İngilizce'den gelen Alman kelimeleri işaretleyin. Bunların sayısı az değil.
Bu kelimeler ilginizi çekmiyorsa öğrenmenize gerek yok

die Buchhaltung	*muhasebe*
das Controlling	*finans bölümü*
die IT-Abteilung	*IT bölümü*
die Redaktion, die Redaktionen	*editörlük bölümü*
die Herstellung/Produktion	*üretim bölümü*
die Marketing-Abteilung	*pazarlama bölümü*
der Vertrieb	*satış bölümü*
der Versand	*gönderme bölümü*
das Lager	*dep*

2 Sol, sağ, doğru

2|20

12A

→ *Şimdi giriş katındaki oda ve bölümlerde bizi izleyin. Sonunda kantinde buluşulur. Önce diyaloğu dinleyin.*
→ *Herşeyi anlamadıysanız, kelime listesine bakın.*

Wir sind jetzt im Erdgeschoss.	*şimdi giriş katındayız.*
Erdgeschoss (das)	*giriş katı*
Hier links ist das Informationszentrum.	*Solda bilgi merkezi var.*
links – rechts – geradeaus	*sol – sağ – doğru*
Informationszentrum (das), die Informationszentren (die Information + das Zentrum)	*bilgi merkezi*
Konferenzraum (der), die Konferenzräume (die Konferenz + der Raum)	*Konferans odası*
Da macht die Arbeit Spaß.	*Bu durumda iş zevklidir.*
Den Empfang und die Redaktionen haben Sie schon gesehen.	*Resepsiyon ve editörlük bölümünü gördünüz.*
gegenüber	*karşıda*
Ich verstehe.	*Anlıyorum.*
verstehen – er/sie versteht, hat verstanden	*anlamak*
besichtigen – er/sie besichtigt, hat besichtigt	*etrafa bakmak*
Das ist eine Viertelstunde zu Fuß.	*15 dakikalık bir yürüyüş.*
glauben – er/sie glaubt, hat geglaubt	*inanmak*
Raum (der), die Räume	*oda*

12B

Kantin girişinde bir levha var. Ne yazdığını okuyun. Herşeyi anlamadıysanız, kelime listesine bakın.

Selbstbedienung (die)	*self servis*
Geöffnet von … bis	*…'dan …'a kadar açık*
Gäste-Casino (das)	*ziyaretçi kantini*
Gast (der), die Gäste	*ziyaretçi*
Anmeldung (die)	*rezervasyon*
Kantinenleitung (die) (die Kantine + die Leitung)	*kantin yönetimi*

2|21 *Şimdi metni dinleyin. Sonra yüksek sesle okuyun.*

2|22 **3** *Sıralama nasıl olmalı?*
Bölümleri ziyaret ediliş sırasına göre dinleyin. B ve F arasındaki bölümleri sırası ile not edin. Bilgi merkezini (A) sizin için yazdık.

4 *Bu Europartner şirketi. Şimdi bir şirket turu yapın.*
Eğer doğru yolu takip ederseniz kısa zamanda kantine ulaşacak ve orada oturup öğle yemeğinizin tadını çıkaracaksınız.

5 *Bayan Bruckner anlatıyor.Bayan Bruckner bay Kühne'ye gördüklerini anlatıyor. Doğru yapının altını çizin.*

6 *Eşleştirin.*
Almanya'da dükkanların ve kamu binalarının açılış saatleri kanunlar tarafından belirlenmiştir. Bu düzen ancak yavaş bir şekilde esneklik göstermeye başlar. Açılış saatleri size belirli vakitlerde nerede olduğunuza dair fikir verir. Levhaları okuyun ve resimlerle eşleştirin: Anlamadığınız kelime varsa aşağıdaki listeye bakın:

Montag	*Pazartesi*
Dienstag	*Salı*
Mittwoch	*Çarşamba*
Donnerstag	*Perşembe*

Freitag	*Cuma*
Sonnabend/Samstag	*Cumartesi*
Sonntag	*Pazar*

Sprechstunde (die)	*muayene saati*
geöffnet/geschlossen (von … bis …)	*açık/kapalı (…'dan …'a kadar)*
(Montag) geschlossen … bis …	*(Pazartesi) kapalı …'a kadar*

2|23 **7** *Konuşma alıştırması. Ne görmek istiyorsunuz? Önce örneği dinleyin, sonra cevaplayın.*

8 *Yazın.*
Bu takvimde önemli bilgiler eksiktir. Haftanın günlerini yazın.

Kelime düzeni I – Satzstellung I

I	II		I	II		
Wir	**arbeiten**	bis 11.	Dann	**machen**	wir	Pause.
Wir	**machen**	Pause.	Um zwölf	**gehen**	wir	in die Kantine.
Wir	**gehen**	in die Kantine.	Geradeaus	**ist**		die Kantine.

- Almancada cümle başında genelde zaman ya da yer hakkında bilgi veren bir ifade veya bir kelime yer alır. Çoğu zaman önceki cümle ile bir bağlantı da vardır (örn. *Dann ...*) Fakat fiil her zaman pozisyon II'de bulunur. İsim veya zamir fiilden sonra gelir.
- Soru kelimesi olan sorular: fiil her zaman pozisyon II'de bulunur.Soru kelimesi olmayan sorular: fiil pozisyon I'de yer alır.
  *Wann **gehen** wir in die Kantine?*
  ***Gehen** wir in die Kantine?*

9 *Cümle nedir?*
Bu kelime düzeni ile ilgilidir. Biz soru soruyoruz, siz cevap veriyorsunuz. Cevabı yazın.

- Was machen wir um 10 Uhr? ► Wir | bis 11 Uhr | arbeiten

____

- Und dann? ► eine Pause | wir | Dann | machen

____

- Und was machen wir dann? ► machen | Um 11 Uhr 15 | wir | eine Firmenbesichtigung

____

- Wie lange machen wir die Firmenbesichtigung? ► die Firmenbesichtigung | bis 12 | dauert

____

- Was machen wir um 12? ► in die Kantine | wir | Um 12 | gehen

____

- Wie lange essen wir? ► Wir | essen | bis eins

____

- Und dann? ► wir | Dann | arbeiten | bis 3

____

- Was machen wir um 3? ► machen | Um 3 | wir | eine Stadtrundfahrt

____

- Wann sind wir zurück? ► im Hotel | zurück | wir | sind | Um 7

____

10 *Cümle nedir?*

Bu kelime düzeni ile ilgilidir. Biz soru soruyoruz, siz cevap veriyorsunuz. Cevabı yazın.

jetzt	Wir machen eine Firmenbesichtigung. Jetzt machen	______
um 12 Uhr	Ich komme in die Kantine.	______
heute Abend	Ich habe Zeit.	______
morgen	Ich fahre zurück nach München.	______
vielleicht	Ich nehme den Zug.	______
dann	Ich rufe an.	______

2|24 **11** Das Krankenzimmer – *Hasta odası*

Önce diyaloğu okuyun. Sonra kelimeleri dinleyin.

der Kopf	*baş*
das Haar	*saç*
das Auge, die Augen	*göz*
der Mund	*ağız*
der Zahn, die Zähne	*diş*
der Hals	*boyun*
die Hand, die Hände	*el*
der Arm, die Arme	*kol*
der Bauch	*karın*
das Bein, die Beine	*bacak*

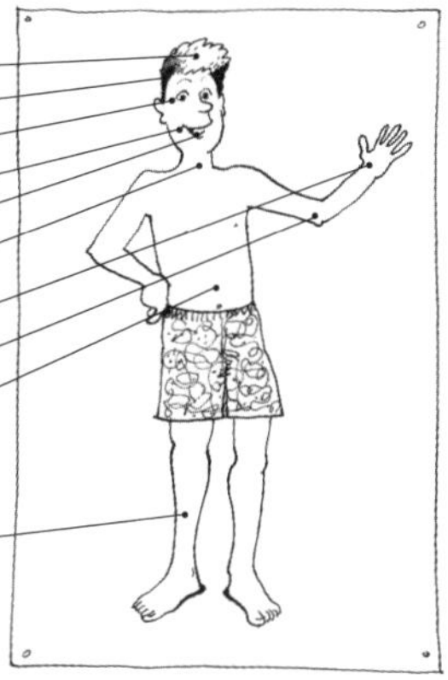

Frau Bruckner: Was haben Sie hier?
Herr Heinrich: Das ist das Krankenzimmer. Deshalb das Plakat.
Frau Bruckner: Ah ja. Haben Sie einen Notarzt im Haus?
Herr Heinrich: Nein, nein, den rufen wir.
Tut Ihnen was weh? Ich hoffe nicht.
Frau Bruckner: Nein, zum Glück, ich bin ganz gesund.

12 *Tekrar ediyoruz ve öğreniyoruz.*

Hasta odası

krank – gesund	*hasta – sağlıklı*
Krankheit (die)	*hastalık*
Gesundheit (die)	*sağlık*
wehtun	*acımak*
Notarzt (der), die Notärzte	*acil doktor*
Schmerzen (die Plural)	*ağrılar*
Zahnschmerzen (die Plural) (der Zahn + die Schmerzen)	*diş ağrısı*

13 *Hangi hece vurguludur? Dikkatle dinleyin ve altını çizin.*

2|25

1	2	3	4	5	6
Emp	fang				
Re	dak	tion			
Erd	ge	schoss			
ge	ra	de	aus		
ge	gen	ü	ber		
Kon	fe	renz	räu	me	
In	for	ma	tions	zen	trum
Fir	men	be	sich	ti	gung

Ülke Bilgisi (Metin Kitabı s. 52)
Ne yaparım? Ne söylerim? – Bir kaç ufak ipucu

Merhaba ve hoşçakal

Almanya'da genelde insanların karşılaşma ve vedalaşmada ellerini uzatmaları ilginçtir.
Arkadaşlar ve meslektaşlar ancak özel sebeplerden dolayı el sıkışırlar, örn. bir yaşgünü veya şirket yıldönümünde.
Daha samimi olanlar karşılaşma ve vedalaşmada birbirine sarılırlar.

„Mahlzeit"

Öğlenleri bir çok şirkette *Mahlzeit* (yemek vakti) kelimesi kullanılır. İnsanlar birbirlerine *Mahlzeit* der ve *Mahlzeit* diye cevap verir. Sonra kantine giderler. *Mahlzeit* kelimesi sadece işte kullanılır. Restoran ve evde kullanılmaz.

Geç mi kaldım?

Randevularda dakiklik bir nezaket belirtisidir. Geç kalan genelde telefonla arar: *Ich komme leider eine halbe Stunde später* veya geldiğinde özür diler: *Tut mir leid, dass ich zu spät komme.*

Kelimeler

1. *Kelime nedir?*

1. fe | renz | kon | raum ______
2. ti | kan | ne ______
3. dung | la | ein ______
4. ger | la ______
5. trum | zen | tions | infor | ma ______
6. dak | re | tion ______

2. *Doğru şekli yazın.*

1. hieristkeinplatz ______
2. ichglaubenicht ______
3. dageradeaus ______
4. dasmachtspaß ______
5. ichverstehe ______

Gramer

3. *Cümleyi yazın.*

1. Wir besichtigen den Hafen. - Heute ______
2. Wir nehmen den Bus. - Um eins ______
3. Wir haben Raum 3. - Morgen ______
4. Das Casino ist geöffnet. - Bis 18 Uhr ______
5. Wir besichtigen die Firma. - Am Vormittag ______
6. Ich fahre wieder zurück. - Mittwoch ______

4. *Fiilleri teklik hallerindeki özel yapıları ile yazın.*

	sehen	du siehst	er/sie sieht
1.	______	______	______
2.	______	______	______
3.	______	______	______
4.	______	______	______
5.	______	______	______

glauben | fahren | verstehen | nehmen | mögen | schlafen | besichtigen | wohnen | geben | möchten | fliegen

Duyulanı Anlama

2|26

5. *Önce taksi şoförü ve turist arasındaki diyaloğu dinleyin. Sonra cevaplayın.*

1. Wo ist der Tourist? In _ _ _ _ _ _ _.
2. Wie viel kostet die Fahrt? Circa _ _ _ _ _ _ _ Euro.
3. Wohin möchte er? Ins _ _ _ _ _ _ _ _.
4. Wie fährt er? Mit der _ _ _ _ _ _ _.
5. Hat er einen Stadtplan? _ _, natürlich.

Sonuçlarınızı bu kitabın sonunda bulunan cevap anahtarı ile karşılaştırın. Sonra puanlarınızı toplayın.

Toplam:		
	1 - 14	Bu dersi tekrar etmeniz sizin için faydalı olabilir.
	15 - 23	Fena değil. Diyalog ve grameri bir kere daha tekrar etmek sizin için iyi olacaktır.
	24 - 27	Mükemmel! İsterseniz kelimeleri tekrar edebilirsiniz veya sonraki derse geçin.

Das Frühstück – Kahvaltı

Bu derste tipik birşey öğreneceksiniz: Almanya'da nasıl kahvaltı yapılır. Claudia, kahvaltıda ailesinden bahsediyor. Burada iyelik artikeli olan *mein* ve *dein* kullanılır.

1 *Eşleştirin.*

Kahvaltı masasındaki nesnelerin nasıl söylendiğini dinleyin ve yüksek sesle tekrar edin. 2|27

Brötchen (das), die Brötchen	*küçük ekmek* *küçük ekmekler*	Marmelade (die)	*marmelat*
		Messer (das), die Messer	*bıçak*
Butter (die)	*tereyağ*	Löffel (der), die Löffel	*kaşık*
Brot (das), die Brote	*ekmek*	Gabel (die), die Gabeln	*çatal*
Ei (das), die Eier	*yumurta*	Käse (der)	*peynir*
Teller (der), die Teller	*tabak*	Obst (das)	*meyve*
Tasse (die), die Tassen	*fincan*	Serviette (die), die Servietten	*peçete*

2 Kahvaltı hazır

Robert şanslı. İşe ya da üniversiteye gitmesi gerekmiyor. Geç kalktı ve mutfağa gitti. Orada Claudia kahvaltı masasını hazırladı. 2|28

Şimdi Claudia'nın Robert'i nasıl selamladığını ve kahvaltıda neler olduğunu dinleyin. Metni en az iki kere dinleyin. İşte kelime listesi.

Hast du gut geschlafen?	*İyi uyudun mu?*
schlafen – du schläfst, er/sie schläft, hat geschlafen	*uyumak*
Niki ist schon weg.	*Niki gitti.*
weg sein – er/sie ist weg	*gitmek*
Es gibt gleich Frühstück.	*Kahvaltı hemen hazır.*
gleich	*hemen*
Keinen Tee. (= Ich möchte keinen Tee.)	*Çay istemem.*
Ich mag lieber Kaffee.	*Kahveyi tercih ederim.*
mögen – er/sie mag, hat gemocht	*hoşlanmak*
lieber mögen	*tercih etmek*
Und dann ein Brötchen mit Butter und Marmelade.	*Ve sonra tereyağ ve marmelatlı küçük ekmek*
Eier sind auch da.	*Ayrıca yumurta da var.*
Sag mal, Claudia, deine Eltern, wo wohnen die eigentlich?	*Söyle bana, Claudia. Ailen nerede yaşıyor?*
Eltern (die Plural)	*anne baba*
eigentlich	*aslında*
Ganz in der Nähe.	*Çok yakında.*
Übrigens, meine Schwester ist da.	*Bu arada. Kardeşim burada.*
mein, meine	*benim*

Schwester (die), die Schwestern	*kız kardeş*
Sie ist gestern aus Sydney gekommen.	*Dün Sidney'den geldi.*
gestern	*dün*
Sie hat dort ein paar Monate gearbeitet.	*Orada bir kaç ay çalıştı.*
Regisseurin (die) – Regisseur (der)	*yönetmen*
Mein Bruder Ralf geht noch zur Schule.	*Erkek kardeşim Ralf okula gidiyor.*
Bruder (der), die Brüder	*erkek kardeş*
zur Schule gehen	*okula gitmek*
Schule (die), die Schulen	*okul*
Er wohnt natürlich zu Hause.	*Elbette evde oturuyor.*
Wir besuchen heute meine Eltern.	*Bugün ailemi ziyaret edeceğiz.*
besuchen – er/sie besucht, hat besucht	*ziyaret etmek*
Was meinst du?	*Ne düşünüyorsun?*
meinen – er/sie meint, hat gemeint	*düşünmek*
dann lerne ich endlich deine Geschwister kennen	*sonra nihayet kerdeşlerinle tanışacağım*
kennen lernen – er/sie lernt kennen, hat kennen gelernt	*tanışmak*
Geschwister (die Plural)	*kardeşler*

3 *Tamamlayın.*
Bu sorular ve cümleler kahvaltı masasında konuşulabilir. Boşlukları tamamlayın.

4 *Metni, uygun kelime ekleyerek yeniden oluşturun.*
Ve hatırlayın: sadece şekil değil anlam da uygun olmalı.

Belirsiz miktarlarda artikel yoktur: *Ich möchte Brot mit Butter und Marmelade.*
Artikel, belirli miktarlarda ve olumsuzluklarda kullanılır: *Ich möchte ein Brötchen, kein Brot.*

5 *Tamamlayın.*
Burada konu tamamen durum bildiren fiil olan mögen *ile ilgilidir.* möchten *nazik sorularda ve cevaplarda kullanılır.*

6 *Tamamlayın.*
Burada mein *ve* dein*'ın yalın halinin pratiğini yapacaksınız.*

2|29

7 *Konuşma alıştırması*
Şimdi ne yemek istediğinize karar verin. Soruyu dinleyin. Sonra kelimeleri okuyup cevap verin. Resim size yardımcı olacak.

8 *Robert'in günlüğü – Bir kaç önemli kelime eksik.*

Fiiller – Verben: mögen

		mögen
Singular	ich	**mag**
	du	**magst**
	er/sie	**mag**
Plural	wir	mögen
	ihr	mögt
	sie/Sie	mögen

mögen:
Teklik halinde özel yapıları vardır: *mag, magst, mag.*
ich mag (hoşlanıyorum) ve *ich möchte* (istiyorum) arasındaki farka dikkat edin:
Möchten Sie Kaffee?
Nein danke, ich möchte lieber Tee. (= Bitte einen Tee.)
Ich mag keinen Kaffee. (= Ich trinke keinen Kaffee.)

Ralf mag Katrin. Aber Katrin mag Guido.

9 *Ne uymuyor? Çizin.*

Ich mag ...

Test | keinen Tee | Müsli | Ei | das Brot | Dachwohnung | Eltern | Christine | Wort
meinen Beruf | Sydney | Australien | Berlin | die Übungen | deinen Bruder | Sprache

Artikel *kein*; iyelik artikeli *mein/dein* – Artikel *kein*; Possessivartikel *mein/dein*

		eril		dişi		nötr	
şahıs zamiri	teklik yalın hal	**er**		**sie**		**es**	
belirsiz artikel		ein	Bruder	eine	Schwester	ein	Haus
olumsuz artikel		kein		kein**e**		kein	
iyelik artikeli		mein		mein**e**		mein	
		dein		dein**e**		dein	
belirsiz artikel	teklik -i hal	ein**en**	Bruder	eine	Schwester	ein	Haus
olumsuz artikel		kein**en**	Bruder	keine	Schwester	kein	Haus
iyelik artikeli		mein**en**	Bruder	meine	Schwester	mein	Haus
		dein**en**		deine		dein	

kein-'da olduğu gibi iyelik artikeli *mein-* ve *dein-*'ın sonekleri aynı.

10 *Tamamlayın.*
nicht *veya* kein- *ile birşeyi olumsuz yapabilirsiniz.* kein- *her zaman isimden önce gelir.*

Haben Sie ein Auto? – Nein, ich habe ____________ Auto.
Haben Sie eine Uhr? – Nein, ich habe ____________ Uhr.
Haben Sie Geschwister? – Nein, ich habe ____________ Geschwister.
Haben Sie Zeit? – Nein, ich habe ____________ Zeit.
Haben Sie Semesterferien? – Nein, ich habe ____________ Semesterferien.
Haben Sie Hunger? – Nein, ich habe ____________ Hunger.

11 mein *ve* dein. *Tamamlayın.*

Markus, ist das ____________ Fahrkarte?

Nina, ist das ____________ Handy?

Klaus, ist das ____________ Kaffee?

Ralf, ist das ____________ Frühstück?

Das ist ____________ Bruder. – Kennst du ____________ Bruder?

Das ist ____________ Schwester. – Kennst du ____________ Schwester?

12 *Tamamlayın.*
Burada birisi pek dostça değil. Çok açık bir şekilde nelere sahip olduğunu söylüyor. Son cümleye gelince dikkat edin!

Das ist nicht ____________ Frühstück, das ist ____________ Frühstück.

Das ist nicht ____________ Schwester, das ist ____________ Schwester.

Das ist nicht ____________ Fahrkarte, das ist ____________ Fahrkarte.

Das ist nicht ____________ Auto, das ist ____________ Auto.

Das ist nicht ____________ Uhr, das ist ____________ Uhr.

Das ist nicht ____________ Problem, das ist ____________ Problem.

13 *Cümleleri uygun biçimde sıralayın ve metni yazın.*

Niki heißt Bat mit Familiennamen.
Aber er möchte die Sprache gern lernen.
Die Eltern sind 1960 nach Deutschland gekommen. Jetzt haben sie ein chinesisches Restaurant.
Das ist das Restaurant in der Hafenstraße. Das Essen dort ist sehr gut, sagt man.
Er wohnt und arbeitet in Berlin und ist auch hier geboren.
Deshalb ist nur der Familienname Chinesisch, nicht der Vorname. Er spricht auch kein Chinesisch.

14 *Tekrar ediyoruz.*

Birşey/birisini sevmek ve sevmemek

(Kaffee/…) mag ich nicht.	*(kahve/…) sevmiyorum.*
Ich mag keine/-n … (Milch/Kaffee …).	*(süt/kahve …) … sevmiyorum.*
Ich trinke … (keinen Kaffee).	*(kahve) içmiyorum.*
Ich mag lieber … (Tee/…).	*(çay/…) tercih ediyorum.*
Ich esse … (keinen Salat).	*(salata) yemiyorum.*
Ich mag … (Birgit/…) sehr.	*(Birgit/…)'i çok seviyorum.*
Ich mag … (Lisa/…) nicht so sehr.	*(Lisa/…)'yı o kadar sevmiyorum.*
Ich finde … (Claudia/Robert/Frau Klein)	*(Claudia/Robert/bayan Klein)'i çok sempatik*
sympathisch/nicht so sympathisch.	*bulmuyorum/buluyorum.*

a ve ä

ä, a sesli harfinin iki noktalısıdır. Bazı fiillerin du ve *er/sie* şekillerinde ä bulunur (*fahren – du fährst, er/sie fährt; einladen – du lädst ein, er/sie lädt ein*). Ve ayrıca isimlerin çokluk hallerinde kullanılır (*Vater – Väter*).

15 *Dinleyin ve tekrar edin. Konuşmacının telaffuzunu mümkün olduğu kadar taklit etmeye çalışın.* 2|30

fahren	–	Claudia fährt.	der Hafen	–	die Häfen
schlafen	–	Robert schläft schon.	der Kanal	–	die Kanäle
das Bad	–	zwei Bäder	das Land	–	die Länder
mein Vater	–	die Väter	der Vorschlag	–	die Vorschläge

u ve ü

ü, u sesli harfinin iki noktalasıdır. Bu ü kısa veya uzun olabilir. Şimdi bunun pratiğini yapalım.

16 *Dinleyin ve tekrar edin.*
Konuşmacının telaffuzunu mümkün olduğu kadar taklit etmeye çalışın. 2|31

Mutter und Mütter	viel früher
Bruder und Brüder	übrigens
das Frühstück	er fliegt zurück
vier Brüder	eine Viertelstunde früher
viel Glück	Das ist gemütlich.

Ülke Bilgisi – Kelime Salatası (Metin Kitabı s. 56)

Bilmediğiniz bir kelime varsa, listeye bakın. Kelimeleri bulun.
Akrabalıkla ilgili 7 kelime var. Artikeli de ekleyin.

der Vater (= Papa), die Väter	der Cousin, die Cousins
die Mutter (= Mama), die Mütter	die Cousine, die Cousinen
der Mann, die Männer	der Onkel, die Onkel
die Frau, die Frauen	die Tante, die Tanten
das Kind, die Kinder	der Enkel, die Enkel
das Baby, die Babys	die Enkelin, die Enkelinnen
die Eltern (Plural)	der Schwiegersohn, die Schwiegersöhne
der Sohn, die Söhne	die Schwiegertochter, die Schwiegertöchter
die Tochter, die Töchter	der Schwiegervater, die Schwiegerväter
der Bruder, die Brüder	die Schwiegermutter, die Schwiegermütter
die Schwester, die Schwestern	
der Großvater (= Opa), die Großväter	
die Großmutter (= Oma), die Großmütter	

Kelimeler

1. *İşte sıkça kullanabileceğiniz bazı önemli ifadeler. Doğru çeviriyi işaretleyin.*

1. Christian ist schon weg.
☐ Christian geldi.
☐ Christian şimdi burada.
☐ Christian gitti.

2. Sag mal … hast du Hunger?
☐ Tekrar söyle … aç mısın.
☐ Söyle … açlık nedir?
☐ Söyle … aç mısın?

3. Jan geht noch zur Schule.
☐ Jan hala okula gidiyor.
☐ Jan okula gitmiyor.
☐ Jan şu anda okulda.

4. Was meinst du?
☐ Ne demek istiyor?
☐ Ne düşünüyorsun?
☐ Bu doğru muydu?

5. Übrigens …
☐ Aslında …
☐ Bu arada …
☐ Açıkçası …

6. Wirklich?
☐ Hazır mı?
☐ Gerçekten mi?
☐ Neden?

2. *Uygun kelimeyi ekleyin.*

1. Mutter und ________________
2. Bruder und ________________
3. Oma und ________________
4. Tochter und ________________
5. Onkel und ________________
6. Schwiegervater und ________________
7. Mann und ________________

Gramer

3. *Neyin kime ait olduğu konusunda bazı problemler var. Doğru yapıyı ekleyin. İyelik artikeli eksik.*

1. Das ist mein Handy, nicht ________________ Handy.
2. Das ist mein Auto, nicht ________________ Auto.
3. Das ist mein Problem, nicht ________________ Problem.
4. Das ist mein Lieblingsessen, nicht __________ Lieblingsessen.
5. Das ist meine Wohnung, nicht __________ Wohnung.
6. Das sind meine Geschwister, nicht __________ Geschwister.

4. mögen *veya* möchten *ile tamamlayın.*

1. __________ du Brot oder Brötchen?
2. Ich __________ lieber Brötchen.
3. Ich __________ keinen Tee.
4. __________ du Kaffee? – Ja, gern.
5. __________ du deine Schwester Kerstin?
6. Ich __________ Kerstin sehr.

Sonuçlarınızı bu kitabın sonunda bulunan cevap anahtarı ile karşılaştırın. Sonra puanlarınızı toplayın.

Toplam:		
	1 - 13	Bu dersi tekrar etmenizde fayda var.
	14 - 21	Fena değil. Fakat diyaloglara ve gramere tekrar bakmanız yararlı olabilir.
	22 - 25	Harika! Eğer isterseniz kelimeleri tekrar edebilirsiniz. Yoksa devam edin.

Wir besuchen meine Familie – Ailemi ziyaret ediyoruz

Bu ders tamamen aile hakkında. Aile üyelerinin isimlerini öğreniyorsunuz. Ayrıca ülkeleri ve dilleri öğreniyorsunuz. *sein* ve *haben* fillerinin geçmiş zaman şekilleri ile kendinizi ifade etmenin yeni yollarını bulacaksınız.

1 *Claudia'nın ne söylediğini dinleyin*

Claudia ve Robert, kahvaltıdan hemen sonra yola çıkıyorlar ve Claudia'nın ailesini o sabah ziyaret ediyorlar. Robert, Claudia'nın kardeşleri ile tanışmayı dört gözle bekliyor.
Yolda Claudia, ailesi hakkında birşeyler anlatıyor. Onun ne söylediğini dinleyin ve isimlerini yazın. 2|32

2 Ailemi ziyaret ediyoruz 2|33

→ *Şimdi ailenin selamlaşmasını ve birbirleriyle konuşmalarını dinleyin. Konuşmayı en az iki defa dinleyin.*

Mama, Mutter kelimesinin, *Papa, Vater* kelimesinin samimi şeklidir.

→ *Kelime ve cümlelere yeniden bakmak istiyorsanız bakabilirsiniz:*

Wir besuchen meine Familie	*ailemi ziyaret ediyoruz*
lange nicht gesehen = Ich habe dich lange nicht gesehen.	*uzun süredir görmemek = seni uzun süredir görmedim*
Du bist sicher Robert.	*Sen Robert olmalısın.*
sicher	*kesinlikle*
Claudia hat schon viel von dir erzählt.	*Claudia senin hakkında çok şeyler anlattı.*
Wirklich?	*Gerçekten?*
Mama = Mutter (die), die Mütter	*anneciğim = anne*
Papa = Vater (der), die Väter	*babacığım = baba*
Wie gefällt Ihnen Berlin?	*Berlin'i nasıl buldunuz?*
gefallen – er/sie/es gefällt, hat gefallen	*hoşlanmak*
Das war in einer Sprachenschule in England.	*İngiltere'de bir dil okulundaydı.*
Sprachenschule (die), die Sprachenschulen (die Sprache + die Schule)	*dil okulu*
ich hatte Semesterferien	*sömestr tatilindeydim*
Semesterferien (die Plural) (das Semester + die Ferien)	*sömestr tatili*
Da bin ich nach England gefahren und habe Englisch gelernt.	*O zaman İngiltere'ye gittim ve İngilizce öğrendim.*
Englisch	*İngilizce*
lernen – er/sie lernt, hat gelernt	*öğrenmek*
Und da waren auch Claudia und Niki.	*Claudia ve Niki de oradaydılar.*
Und jetzt sprechen Sie die Sprache perfekt, nicht wahr?	*Ve şimdi dili mükemmel konuşuyorsunuz, değil mi?*

perfekt	*mükemmel*
Kinder, ihr habt bestimmt Hunger.	*Çocuklar, eminim açsınız.*
Ich habe dein Lieblingsessen gekocht.	*Sevdiğiniz yemeği pişirdim.*
Lieblingsessen (das)	*sevilen yemek*
Das siehst du gleich.	*Biraz sonra görceksin.*

3 *Doğru sıralama nedir?*
Konuşmaları sıralayın. Elbette önce selamlaşmalar oldu.

4 *Tamamlayın.*
Diyalogda war ve hatte var. Bunlar sein *ve* haben *fiillerinin geçmiş zamandaki şekilleridir. Kısa ilave alıştırmasını yapın.*

5 *Hangisi doğru?*
Lütfen işaretleyin.

6 *Burada diyalogda adı geçen beş kişiyi görüyorsunuz. Kim ne söyledi?*
Eşleştirin.

2|34

7 *Konuşma alıştırması*
Önce örneği ve kelimeleri okuyun. Sonra soruyu dinleyin ve cevaplayın.

8 *Kelime salatası*
Claudia'nın sevdiği yemek bu harf salatasında gizli. Üç kelime var: ilkbahardan hazirana kadar yenen bir sebze ve bununla yenenler.
Bir ipucu daha: Legraps *kelimesine tekrar bakın. Bu kelimede ana malzeme gizli.*

Claudia'nın favori yiyeceğini bulun.

sein* ve *haben* fiillerinin geçmiş zamanın hikayesi şekli / Präteritum von *sein* und *haben*: *war* und *hatte

		sein	**haben**
Singular	ich	war	hatte
	du	warst	hattest
	er/sie/es	war	hatte
Plural	wir	waren	hatten
	ihr	wart	hattet
	sie/Sie	waren	hatten

war ve *hatte* ile bir kaç di'li geçmiş zaman yapılarını öğrendiyseniz, geçmişte olan şeylerden konuşabilirsiniz.

9 *Eksik olan fiilleri ekleyin.*
Burada geçmişte olan bir şeyi anlatabilirsiniz

Wir __________ (sein) gestern zu Hause bei Guido. Guidos Brüder __________ (sein) auch da. Guidos Schwester __________ (haben) aber keine Zeit. Sie __________ (sein) bei Christine. Das ist eine Freundin. Die Eltern __________ (sein) in der Stadt. Ich __________ (haben) meine CDs mit. Es __________ (sein) sehr gemütlich.

-i halindeki şahıs zamirleri / Personalpronomen: Akkusativ: *Ich habe dich lange nicht gesehen.*

Singular	ich	Verstehst du	**mich**	?
	du	Ich habe	**dich**	lange nicht gesehen.
	er/sie/es		**ihn/sie/es**	
Plural	wir	Verstehst du	**uns**	?
	ihr	Ich habe	**euch**	lange nicht gesehen.
	sie/Sie		**sie/Sie**	

- Fiillerin çoğu –i hali alır. *Ich finde **deinen Bruder** sehr sympathisch.*
- Artikel + isim yerine bir zamir kullanılabilir: *Ich finde **ihn** sehr sympathisch.*
  Zamir, ismi tekrar etmek istemediğinizde kullanılır.

10 *İsmi zamirle değiştirin. İsmi tekrar etmek istemiyorsunuz.*

Wie finden Sie das Essen? – Ich finde ______________ gut.
Bitte rufen Sie Herrn Schneider an. – Ich habe ______ schon angerufen. Er ist nicht da.
Wie findest du Evas Schwester? – Ich finde ______________ interessant.
Hast du die Adresse? – Ja, ich habe ____________.
Brauchen Sie den Wagen? – Ja, ich brauche __________ heute.
Kennen Sie die Leute? – Nein, ich kenne _________ auch nicht.

11 *İsim + isim*

Metinde Lieblingsessen *kelimesi geçmektedir.* Lieblings- *kelimesini başka kelimelerle birlikte kullanabilirsiniz. Deneyin. Kelimelerin anlamından hangileri ile kullanılabileceğini anlayacaksınız.*

stadt | bruder | dienstag | schwester | brot | film | hotel | anmeldung | regisseur | zimmer

Lieblings_______ Lieblings_______ Lieblings_______ Lieblings_______
Lieblings_______ Lieblings_______ Lieblings_______

12 *Ülkeler ve milliyetler*

Ülkeler ve milliyetleri gösteren bir tablo. Eksik kelimeleri tamamlayın. bütün sıfatlar -isch *ile biter*

Land	Nationalität	Land	Nationalität
	Tschechisch		Chinesisch
Polen			Koreanisch
Russland		Österreich	
Türkei			Schweizerisch
Japan			Mexikanisch
	Spanisch	Ungarn	
	Italienisch		Griechisch

Diller büyük harfle başlar:
Das ist Französisch.
Wie heißt das auf Französisch?

13 *Tekrar edin.*

Birinden bir şey söylemesini istemek

Sag mal, … (wo wohnst du eigentlich)?	*Bana söyle, … (nerede yaşıyorsun)?*
Was meinst du?	*Ne düşünüyorsun?*
Wie gefällt dir/Ihnen … (die Stadt)?	*Nasıl buldun … (şehir)?*
Woher kennst du/kennen Sie …?	*Nereden biliyorsun …?*
Ich habe noch eine Frage.	*Bir sorum daha var.*
Eine Frage, …	*Bir soru, …*
Sprichst du/Sprechen Sie … (Deutsch)?	*… (Almanca) konuşuyor musun/musunuz?*
– Ja natürlich./Ja, aber nicht gut./Nur wenig.	*– Evet, elbette./Evet, fakat iyi değil./Sadece biraz.*
Sprechen Sie perfekt … (Deutsch)? –	*… (Almanca) mükemmel konuşuyor musun? –*
– Nicht perfekt, aber gut.	*– Mükemmel değil, fakat iyi*

Endung -*(i)sch*

14 *İyi dinleyin ve tekrar edin.*

2|35

Französisch	Sprechen Sie Französisch?	Chinesisch	Ist das Chinesisch?
Englisch	Sprechen Sie Englisch?	Australisch	Ist das Australisch?
Deutsch	Sprechen Sie Deutsch?	Irisch	Ist das Irisch?
Italienisch	Sprechen Sie Italienisch?	Griechisch	Ist das Griechisch?
Spanisch	Sprechen Sie Spanisch?	Polnisch	Ist das Polnisch?
Japanisch	Sprechen Sie Japanisch?	Tschechisch	Ist das Tschechisch?

15 a. *Şimdi iki kız arkadaşın konuşmasını dinleyin. Vurgulu hecelerin altı çizilmiştir. İyi dinleyin.*

2|36

Melanie: Sag mal, hast du eigentlich Geschwister?
Lisa: Klar.
Melanie: Und wie viele?
Lisa: Drei. Zwei Schwestern und einen Bruder.
Melanie: Toll! Ich habe leider keine Geschwister.
Lisa: Macht doch nichts. Du hast ja deine Freunde.
Sag mal, was machst du heute Abend?
Wir machen eine Party. Zu Hause.
Melanie: Ja, prima, und wann?
Lisa: Na so gegen acht.
Melanie: Ich komme. Wo wohnst du?
Lisa: In der Baumstr. 10.
Melanie: Ah, da kommt mein Bus ... Also dann bis heute Abend. Tschüs.
Lisa. Tschüs!

15 b. *Şimdi dinleyin ve aynı zamanda konuşun.*

2|37

Ülke Bilgisi (Metin Kitabı s. 60)

c) Bavyera birası ile meşhurdur. Çok az insan Kuzey Almanya'da Bavyera'dan daha çok bira üretildiğini bilir. Dortmund birası ünlüdür.
f) Bu elbette Hamburg.

Burada altı resim var. Altı metni doğru resimlerle eşleştirin.

Kelimeler

***1.** Dili ekleyin: örneğin* England – Englisch.

1. Frankreich ____________
2. Polen ____________
3. Österreich ____________
4. Türkei ____________
5. Australien ____________
6. China ____________
7. Slowenien ____________
8. Italien ____________

Gramer

***2.** Doğru şekli ekleyin. Eksik olan fiildir.*

1. Gestern ________ ich frei.
2. Meine Schwester ________ auch Zeit.
3. Wir ________ in der Stadt.
4. Meine Schwester ________ das Auto.
5. Das ________ prima.
6. Um acht ________ wir wieder zu Hause.

***3.** Doğru şekli ekleyin. Eksik olan şahıs zamiridir.*

1. Wo ist mein Handy? – Ich habe ________ nicht gesehen.
2. Wie findest du die CD? – Ich finde ________ klasse.
3. Ich habe ein Problem. – So? Was ist ________ denn?
4. Wie findest du meine Eltern? – Ich finde ________ sehr sympathisch
5. Wie findest du meine Wohnung? – Ich finde ________ nicht schlecht.
6. Besuchst du heute deine Geschwister? – Nein, ich habe ________ gestern besucht.

Sonuçlarınızı bu kitabın sonunda bulunan cevap anahtarı ile karşılaştırın. Sonra puanlarınızı toplayın.

Toplam:		
	1 - 10	Bu dersi tekrar etmenizde fayda var.
	11 - 17	Fena değil. Fakat diyaloglara ve gramere tekrar bakmanız yararlı olabilir.
	18 - 20	Harika! Eğer isterseniz kelimeleri tekrar edebilirsiniz. Yoksa devam edin.

Eine Mail von Robert – Robert'ten mail

Robert, Claudia ve Niki hep beraber akşam eve döndüklerinde, Robert arkadaşı Jonas'a bir e-mail yazar.
Bu ders meslekler ve uzmanlıklar hakkındadır. Ayrıca nasıl mektup ve mail yazıldığını da öğreneceksiniz.

1 *Meslekleri eşleştirin.*
İnsanlar hayatlarını kazanmak için ne yapıyor?

2 Robert arkadaşı Jonas'a bir e-mail yazar

2|38

Metni okuyun. Eğer herşeyi anlamadıysanız merak etmeyin. Önemli olan her birinin hayatını kazanmak için ne yaptığını öğrenmeniz.

→ *Dinleyin ve okuyun.*
→ *Kelimeleri öğrenin.*

herzliche Grüße	*içten selamlar*
Ich bin ein paar Tage bei Freunden.	*Bir kaç günlüğüne arkadaşlarımla kalıyorum.*
Freund (der), die Freunde	*arkadaş*
Ich glaube, du kennst sie.	*Sanırım onları tanıyorsun.*
Heute haben wir die Familie von Claudia besucht.	*Bugün Claudia'nın ailesini ziyaret ettik.*
Claudias Vater ist Ingenieur.	*Claudia'nın babası mühendis.*
Er arbeitet als Controller.	*Muhasebe uzmanı olarak çalışıyor.*
Controller (der), die Controller	*Muhasebe uzmanı*
Claudias Mutter ist Malerin.	*Claudia'nın annesi ressam.*
Malerin (die), die Malerinnen	*ressam*
Sie arbeitet aber auch als Übersetzerin.	*Ayrıca çevirmen olarak çalışıyor.*
Übersetzerin (die), die Übersetzerinnen	*çevirmen*
Claudias Bruder geht noch zur Schule.	*Claudia'nın erkek kardeşi hala okuyor.*
Er ist bald fertig.	*Yakında bitirecek.*
bald	*yakında*
fertig	*tamamlanmış*
Regisseurin (die), die Regisseurinnen	*yönetmen*
Sie hat einen Film in Australien gemacht.	*O, Avustralya bir film yaptı.*
Film (der), die Filme	*film*
Australien	*Avustralya*
Für das Fernsehen.	*Televizyon için.*
Fernsehen (das)	*televizyon*
Toll, was?	*Harika, değil mi?*
toll	*harika*
Was gibt's in München?	*Münih'te ne var ne yok?*
Alles klar?	*Herşey yolunda mı?*

3 *Soruları cevaplayın.*
Cümle parçalarını doğru sıralayarak cevapları bulun.

! Konuşma dilinde, eğer önceden soruda geçtiyse, şahsı ve fiili kullanmayabilirsiniz. O zaman cevaplar şu şekilde olur: *Bei Claudias Eltern./Ingenieur./Malerin./ Er geht noch zur Schule./Katrin./Interessant.*

4 *Claudia'nın ailesi*
Genitif hakkında daha fazla bilgiyi gramer bölümünde bulacaksınız.

5 sein *kelimesini ekleyin.*
War *ve* hatte *kelimelerini biliyorsunuz. Bu metinde tekrar karşınıza çıkacaklar.*
sein *ile tamamlayın. Hangi cümlelerin geçmiş zamanda, hangilerinin şimdiki zamanda olduğuna dikkat edin.*

2|39 **6** *Konuşma alıştırması - önce kelimeleri okuyun*
Örnekteki soru ve cavapları dinleyin. Sonra indirdiğiniz mp3'den cevabı dinleyeceksiniz.

Birisi sahip olduğunuz mesleği öğrenmek istiyor. Size verdiğimiz önerileri kullanın ve eril ya da dişi yapıyı kullanın. 5. soruya geldiğinizde gerçek işinizin ne olduğunu söyleyebilirsiniz.

2|40 **7** *Konuşma alıştırması*
Size yine mesleğinizle ilgili sorular sorulacak. Bu defa sizin cevabınız daha ayrıntılı.

Tekrar eril ya da dişi yapıyı kullanmanız gerekli. Örneği dinleyin.

8 *Mail yazıyorum.*
Eve bir mail yazın. E-maili size verilen metin kalıplarından oluşturun.

Özel isimlerde -in hali – Der Genitiv bei Eigennamen

Claudias Vater ist Controller. (= der Vater von Claudia)
Claudias Mutter ist Malerin. (= die Mutter von Claudia)

Özel isimlerin -in hali ait olduğu isimden önce gelir.
Konuşma dilinde ayrıca *von* + isim de kullanılır: *die Mutter von Claudia.*

9 *Başka ne söyleyebilirsiniz?*
Bazı fotoğraflara baktığınızı hayal edin, şu ifadelere ihtiyacınız olacak. von ile yapılmış ifadeyi -in haline çevirin.

Das ist die Mutter von Ralf.	– Das ist ______ ______.
Das sind die Eltern von Maxi.	– Das sind ______ ______.
Das ist der Bruder von Marie.	– Das ist ______ ______.
Das ist die Tochter von Frau Lehmann.	– Das ist Frau ______ ______.
Das ist der Sohn von Herrn Müller.	– Das ist Herrn ______ ______.
Das ist das Auto von Birgit.	– Das ist ______ ______.

10 *Meslek isimlerini resimlerle eşleştirin.*
Diyaloglarda geçmeyen bazı meslek isimlerini sizin için seçtik.

a. die Lehrerin
b. die Hausfrau
c. der Maurer
d. der Maler
e. der Frisör
f. die Verkäuferin
g. der Taxifahrer

______ ______ ______ ______

______ ______ ______

Dişi meslek isimleri – Feminine Berufsbezeichnungen

der Politiker, die Politiker	die Politiker**in**, die Politiker**innen**
der Student, die Studenten	die Student**in**, die Student**innen**
der Geschäftsmann, die Geschäftsleute	die Geschäfts**frau**, die Geschäfts**frauen**

Dişi şekiller *-in* (çokluk *-innen*) ile biter.
Dikkat: bazen ünlü iki noktalı ünlüye dönüşür: *der Arzt, die* ***Ä****rztin.*

11 *Eksik kelimeleri ekleyin.*
Kadınlara ait pek çok meslek isimleri -in *(çokluk* -innen*) ile biter. Aşağıdaki tabloda bazı yerlerde eril bazılarında dişi kelimeler eksik.*

der	die	der	die
Regisseur		Informatiker	
	Malerin		Technikerin
Student		Lehrer	
Übersetzer			Schülerin
	Ingenieurin		Ärztin
	Frisörin		Taxifahrerin
Medien-Designer		Verkäufer	
Schornsteinfeger			Köchin
!!!	Hausfrau		Rechtsanwältin
Handwerker		Kfz-Mechaniker	
	Kellnerin		Redakteurin
Notarzt		Busfahrer	

12 *Tekrar ediyoruz.*

Samimi bir mail yazmak

Hallo, … (+ Vorname)	*Merhaba, … (+ isim)*
Lieber/Liebe … (+ Vorname)	*Sevgili … (+ isim)*
Herzliche Grüße aus … (+ Stadt/Land)	*… (+ şehir/ülke)'den selamlar.*
Bussi	*öptüm*

Meslekler

arbeiten bei (Volkswagen) in (Wolfsburg) – er/sie arbeitet	*(Wolfsburg)'da (Volkswagen) için çalışmak*
die Arbeit	*iş*
das Büro, die Büros	*büro*
das Gehalt, die Gehälter	*maaş*
das Geschäft, die Geschäfte	*iş*
der Beruf, die Berufe	*meslek*
der Job, die Jobs	*iş*
der Stellenmarkt	*iş ilanları*
die Firma, die Firmen	*şirket*
die Karriere, die Karrieren	*kariyer*
die Stelle, die Stellen	*iş pozisyonu*
verdienen – er/sie verdient, hat verdient	*kazanmak*

13 *İyi dinleyin ve tekrarlayın.*

2|41

Taxifahrer	Ich bin Taxifahrer	Ich bin Taxifahrerin.
Student	Ich bin Student.	Ich bin Studentin.
Schornsteinfeger	Ich bin Schornsteinfeger.	Ich bin Schornsteinfegerin.
Maurer	Ich bin Maurer.	
Verkäufer	Ich bin Verkäufer.	Ich bin Verkäuferin.
Übersetzer	Ich bin Übersetzer.	Ich bin Übersetzerin.

die Designerin	der Software-Entwickler
die Ärztin	der Informatiker
die Journalistin	der EDV-Kaufmann
die Stewardess	der Kfz-Mechaniker
die Architektin	der Ingenieur
die Sozialarbeiterin	der Maschinenbaumechaniker
die Bürokauffrau	der Polizist
die Bankkauffrau	der Elektroinstallateur
die Lehrerin	der Jounalist
die Rechtsanwältin	der Architekt

Ülke Bilgisi (Metin Kitabı s. 64)

Burada bazı meslek isimleri var. Bu kelimeleri biliyorsunuz.
Dikkat: İki tane mesleğin ayrı ayrı eril ve dişi şekli yoktur, sadece bir şekli vardır.

Meslekler nedir? Eril veya dişi şekillerini de yazın.

Rüya mesleklerinin istatistiği
Rakamlar, öğrencilerin yüzde kaçının aşağıdaki mesleklerle ilgilendiği gösteriyor.
13 numaralı alıştırmada meslek isimlerini dinleyebilir ve onları tekrar edebilirsiniz.

Kelimeler

1. *Cümleyi yazın.*

1. Franz | sein | Übersetzerin / Übersetzer ______
2. Ulrike | sein | Arzt / Ärztin ______
3. Tommy | sein | Taxifahrerin / Taxifahrer ______
4. Steffi | sein | Schüler / Schülerin ______
5. Frau Sommer | sein | Maler / Malerin ______
6. Herr Gruber | sein | Verkäufer / Verkäuferin ______

2. *Mesleğin eril veya dişi şeklini yazın.*

1. der Politiker ______
2. die Geschäftsfrau ______
3. der Arzt ______
4. die Verkäuferin ______
5. der Student ______
6. der Ingenieur ______

Gramer

3. *-in halini yazın:* Eva – Freund: Evas Freund.

1. Stefan | Vater ______
2. Filip | Schwester ______
3. Frau Meier | Tochter ______
4. Anna | Tante ______
5. Ulrike | Freundin ______
6. Katharina | Familie ______

4. *Çokluk şeklini yazın.*

1. die Studentin ______
2. die Ärztin ______
3. die Freundin ______
4. die Pilotin ______
5. die Übersetzerin ______
6. die Politikerin ______

Duyulanı Anlama

2|42

5. *Önce diyaloğu dinleyin. Sonra tekrar dinleyin ve işaretleyin.*

1. Christine M. und Julia S.
   - ☐ sind im Hotel.
   - ☐ sind in der Firma.
   - ☐ sind zu Hause.

2. Es ist
   - ☐ noch früh.
   - ☐ Mittag.
   - ☐ Abend.

3. Sie frühstücken
   - ☐ um acht Uhr.
   - ☐ um halb acht.
   - ☐ um acht Uhr fünfzehn.

4. Sie fahren
   - ☐ eine halbe Stunde.
   - ☐ eine dreiviertel Stunde.
   - ☐ eine Stunde.

5. Sie haben einen Termin
   - ☐ um neun Uhr.
   - ☐ um halb neun.
   - ☐ um zehn.

Sonuçlarınızı bu kitabın sonunda bulunan cevap anahtarı ile karşılaştırın. Sonra puanlarınızı toplayın.

Toplam:		
	1 - 15	Devam etmeden önce bu dersi kesinlikle bir kere daha tekrar etmenizi tavsiye ediyoruz.
	16 - 25	İyi, fakat henüz mükemmel değil. Lütfen diyalogları ve grameri tekrar edin.
	26 - 29	Çok iyi. Sonraki derse geçebilirsiniz.

Öğrenmek için bazı ipuçları:

1. Birinci dersi yapın ve saate bakın. Bütün dersler aşağı yukarı aynı uzunlukta. Bu yüzden her bir ders için ne kadar zamana ihtiyacınız olduğunu hesaplayabilirsiniz.
2. Mümkün oldukça her gün yarım saat çalışın. Bu sadece hafta sonları iki üç saat çalışmaktan daha faydalı olacaktır.
3. Özellikle metinleri ve konuşma alıştırmalarını, cümlelerin seslerini kulağınızda duyana kadar indirdiğiniz mp3'den (çalışma kitabında bulunan ikonlar) tekrar tekrar dinleyin. Telaffuz alıştırmalarını mümkün olduğu kadar sıkça tekrarlayın.
4. Zaman zaman Almanca gazete ve dergi satın alın. Kesinlikle yavaş yavaş öğrendiğiniz kelimeleri göreceksiniz.
5. Ve en önemlisi: Eğer birden gelişme göstermediğiniz duygusuna kapıldığınızda vazgeçmeyin. Herşeyi ilk seferde elde etmeyi bekleyemezsiniz. Şimdi iyi eğlenceler!

Ve küçük bir ipucu daha: Almanca'nın zor bir dil olduğunu iddia edenlere kulak asmayın. Sizi bunun böyle olmadığı konusunda ikna edeceğiz!

Ve şimdi kursun sonuna geldik. Günlük dilde hemen kullanabileceğiniz faydalı pek çok şey öğrendiniz. Ve Almanca konuşan ülkeler hakkında da birşeyler öğrendiniz. Eğer vaktiniz varsa www.hueber.de adresinde bizi ziyaret edin. Sayfamızda bilgiler ve ipuçları bulacaksınız. Almanca öğrenmeye devam ederseniz ve bunu günlük öğrenme ve çalışma programınıza dahil ederseniz seviniriz. Hoşçakalın, görüşmek üzere!

Glossar – Sözlük Almanca – Türkçe

Rakamlar ders numaralarını göstermektedi

A

ab sofort	9	*şu andan itibaren; hemen*
Abend (der), -e	1	*akşam*
Abendessen (das)	14	*akşam yemeği*
abends	10	*akşamları*
aber	2	*fakat*
Ach	2	*of*
Ach was!	8	*hayır; olamaz*
Adieu	1	*hoşçakal*
Adjektiv (das), -e	4	*sıfat*
Adresse (die), -n	3	*adres*
Aha.	3	*Ah*
Akkusativ (der), -e	11	*-I hali*
alle	4	*herkes*
alles	12	*herşey*
Alles bestens.	8	*Herşey yolunda.*
Alles klar?	15	*Herşey yolunda mı?*
als (weiter als)	10	*-den; daha*
also	7	*böylece*
alt	6	*eski, yaşlı*
Amerika (das)	14	*Amerika*
an	15	*-de, -da*
Anmeldung (die), -en	12	*kayıt*
anrufen – er/sie ruft an, hat angerufen	12	*telefon etmek*
Antwort (die), -en	2	*cevap*
antworten – er/sie antwortet, hat geantwortet	2	*cevap vermek*
Anzeige (die), -n	9	*ilan*
Apfel (der), ¨	8	*elma*
Appartement (das), -s: 1-Zimmer-Appartement	9	*daire: 1 odalı daire*
Arbeit (die), -en	8	*iş*
arbeiten (als ...) – er/sie arbeitet, hat gearbeitet	5, 15	*çalışmak*
Architekt (der), -en/Architektin (die), -nen	15	*mimar*
Archiv (das), -e	11	*arşiv*
Argentinien (das)	3	*Arjantin*
Arm (der), -e	12	*kol*
Armbanduhr (die), -en	10	*kol saati*
Artikel (der), -	3	*artikel*
Arzt (der), ¨e / Ärztin (die), -nen	15	*doktor*
Asien (das)	13	*Asya*
auch	1, 2	*de, da*
auf Deutsch	3	*Almanca*
Auf Wiederhören	7	*İyi günler (telefonda)*
Auf Wiedersehen/Auf Wiederschaun	1	*hoşçakal*
Aufzug (der), ¨e	11	*asansör*
Auge (das), -n	12	*göz*

aus	2	*-den, -dan*
ausfüllen – er/sie füllt aus, hat ausgefüllt	3	*doldurmak*
Ausländer (der), -/Ausländerin (die), -nen	3	*yabancı*
Australien (das)	13	*Avustralya*
australisch	14	*Avustralyalı*
Ausweis-Nummer (die), -n	3	*kimlik numarası*
Auto (das), -s: Auto fahren	2, 8	*araba: arabayla gitmek*
Automat (der), -en	5	*makina*

B

Baby (das), -s	13	*bebek*
Bad (das), ¨-er	9	*banyo*
baden – er/sie badet, hat gebadet	9	*banyo yapmak; yüzmek*
Bahn (die), -en	10	*demiryolu, tren*
Bahnhof (der), ¨-e	11	*istasyon*
Bahnhofsuhr (die), -en	10	*istasyon saati*
bald	15	*yakında*
Balkon (der), -e	9	*balkon*
Bank (die), -en	12	*banka*
Bankkaufmann (der) ¨-er, -leute/Bankkauffrau (die), -en	15	*banka memuru*
Bauch (der), ¨-e	12	*karın*
Bayern (das)	1	*Bavyera*
beantworten – er/sie beantwortet, hat beantwortet	6	*cevap vermek*
bedeuten – es/das bedeutet, hat bedeutet	3	*anlamına gelmek*
begrüßen – er/sie begrüßt, hat begrüßt	12	*selamlaşmak*
bei + Dativ	6, 12	*-da -de*
Bein (das), -e	12	*bacak*
Beispiel (das), -e : zum Beispiel	6	*örnek: örneğin*
Belgien (das)	3	*Belçika*
Beruf (der), -e	6	*iş, meslek*
Berufsbezeichnung (die), -en	15	*iş adı*
besichtigen – er/sie besichtigt, hat besichtigt	12	*bakınmak*
Besichtigung (die), -en	11	*rehberli tur*
besonders	6	*özellikle*
bestimmt	14	*kesinlikle*
Besuch (der)	9	*ziyaret*
besuchen – er/sie besucht, hat besucht	13	*ziyaret etmek*
betont	14	*vurgulu*
Bier (das), -e	14	*bira*
Bild (das), -er	13	*resim*
billig	11	*ucuz*
bis (Mittag/morgen/...)	7	*-e, –a kadar (öğlen/yarın/...)*
Bis gleich.	10	*Biraz sonra görüşürüz.*
bitte	3	*lütfen*
bitte (Danke – Bitte.)	5	*bir şey değil*
Bitte sehr.	7	*Buyrun.*
Bitte?	5	*Afedersiniz?*
bleiben – er/sie bleibt, ist geblieben	9	*kalmak*
Boutique (die), -n	12	*butik*
Brasilien (das)	4	*Brezilya*
brauchen – er/sie braucht, hat gebraucht	10	*ihtiyaç olmak*

Braune (der) (= Kaffeesorte)	7	*kahverengi kahve*
bringen – er/sie bringt, hat gebracht	9	*getirmek*
Brot (das), -e	13	*ekmek*
Brötchen (das), -	13	*küçük ekmek*
Bruder (der), ¨	13	*erkek kardeş*
Buchhaltung (die)	12	*muhasebe bölümü*
Buchstabe (der), -n	7	*harf*
Buchstaben-Labyrinth (das), -e	11	*harf labirenti*
Buchstabensalat (der), -e	8	*harf salatası*
buchstabieren –er/sie buchstabiert, hat buchstabiert	3	*harf harf söylemek*
Bulgarien (das)	3	*Bulgaristan*
Bundesland (das), ¨er	5	*eyalet*
Büro (das), -s	4	*ofis*
Bürokaufmann (der), ¨er, -leute/Bürokauffrau (die), -en	15	*ofis memuru*
Bus (der), -se	11	*otobüs*
Busfahrer (der), -/Busfahrerin (die), -nen	15	*otobüs şöförü*
Bussi!	15	*öpücük*
Butter (die)	13	*tereyağı*
bzw. (= beziehungsweise)	15	*ya da*

C

Cappuccino (der) (= Kaffeesorte)	7	*cappuccino*
Casino (das), -s	12	*kantin*
CD (die), -s	15	*CD*
Chef (der), -s/Chefin (die), -nen	7	*patron*
China (das)	4	*Çin*
chinesisch	13	*Çince*
Ciao	1	*hoşçakal*
circa	12	*yaklaşik*
Controller (der), -/Controllerin, -nen	15	*hesap uzmanı*
Controlling (das)	12	*hesap bölümü*
Cousin (der), -s/Cousine (die), -n	13	*kuzen*

D

da	4	*burada*
Dachwohnung (die), -en (das Dach + die Wohnung)	9	*çatı dairesi*
danke	1	*teşekkürler*
Danke/Danke sehr.	1, 5	*Teşekkür ederim.*
dann	4	*sonra*
Das: Das bin/sind ...	1	*bu: budur*
dass	12	*ki*
Datum (das)	3	*tarih*
dauern – es dauert, hat gedauert	11	*sürmek*
dazu	9	*buna ek olarak*
dein, deine	13	*senin*
denn (Wie ist es denn in München?)	4	*ise*
Der Apfel fällt nicht weit vom Stamm.	8	*Armut dibine düşer.*
Der Ton macht die Musik.	8	*Müziği oluşturan sestir.*
der, die, das	3	*o*
deshalb	13	*ondan dolayı*
Designer (der), - / Designerin (die), -nen	6	*tasarımcı*

deutsch	3	*Almanca*
Deutschland (das)	1	*Almanya*
Dialog (der), -e	3	*diyalog*
Dienstag (der)	7	*Salı*
Digitaluhr (die), -en	10	*dijital saat*
direkt	4	*doğrudan*
doch	12	*bununla birlikte*
Donnerstag (der)	12	*Perşembe*
Doppelmokka (der) (= Kaffeesorte)	7	*duble kahve*
dort	2	*orada*
dran sein – er/sie ist dran, ist dran gewesen	8	*sırada olmak*
Dreiviertelstunde (die)	10	*45 dakika*
du	1	*sen*
durch (geteilt ...)	9	*arasından (bölünmüş)*
Durst (der): Durst haben	8	*susama: susamak*

E

EDV-Fachmann (der), ¨er, -leute/EDV-Fachfrau (die), -en	15	*bilgi işlem uzmanı*
Ei (das), -er	13	*yumurta*
Eigenname (der), -n	15	*özel isim*
eigentlich	13	*aslında*
eilig	10	*aceleci*
ein bisschen	1	*biraz*
ein paar	5	*bir kaç*
ein/eine	7	*bir*
Eindruck (der), ¨e	12	*izlenim*
Einfamilienhaus (das), ¨er	9	*müstakil ev*
Eingang (der), ¨e	12	*giriş*
-einhalb	11	*yarım*
einige	9	*bir kaç*
einladen – du lädst ein, er/sie lädt ein, hat eingeladen: zum Essen einladen	11	*davet etmek: yemeğe davet etmek*
Eintrittskarte (die), -n	6	*bilet*
einverstanden	7	*tamam*
elegant	12	*elegan*
Elektroinstallateur (der), -e/Elektroinstallateurin (die), -nen	13	*elektrikçi*
Eltern (die Pl)	13	*aile*
E-Mail (die), -s	3	*e-mail*
Empfang (der)	12	*resepsiyon*
endlich	13	*sonunda*
Endung (die), -en	14	*kelime sonu*
England (das)	3	*İngiltere*
englisch	14	*İngilizce*
Enkel (der), -/Enkelin (die), -nen	13	*torun*
Entschuldigen Sie ...	3	*Özür dilerim.*
Entschuldigung (die) ...	3	*Özür dilerim.*
er	1	*o*
Erdgeschoss (das), -e	12	*zemin kat*
Erdteil (der), -e	11	*kıta*
ergänzen – er/sie ergänzt, hat ergänzt	1	*tamamlamak*

erkennen – er/sie erkennt, hat erkannt	4	*farketmek, tanımak*
erzählen – er/sie erzählt, hat erzählt	12	*anlatmak*
es (Personalpronomen)	3	*o*
es eilig haben – er/sie hat es eilig, hat es eilig gehabt	10	*acele içinde olmak*
es gibt (geben)	8	*vardır*
Es ist ... (1 Uhr)	10	*(saat bir) ...dir*
es: Wie geht es ...?	1	*nasılsın/nasılsınız?*
Espresso (der) (= Kaffeesorte)	7	*espresso*
essen – du isst, er/sie isst, hat gegessen	8	*yemek yemek*
Essen (das), -	11	*yemek*
essen gehen – er/sie geht essen, ist essen gegangen	8	*yemeğe gitmek*
etwas	7	*bir şey*
euer, eure	15	*senin*
Euro (der), -s	5	*Euro*
Europa (das)	5	*Avrupa*
extra	8	*özellikle*

F

fahren – du fährst, er/sie fährt, ist gefahren	5	*gitmek*
Fahrkarte (die), -n	5	*bilet*
Fahrt (die), -en	12	*seyahat*
fallen – du fällst, er/sie fällt, ist gefallen	8	*düşmek*
falsch	4	*yanlış*
falsch gehen (Uhr)	10	*yanlış olmak (saat)*
Familie (die), -n	13	*aile*
Familienname (der), -n	3	*soyadı*
Familienstand (der)	3	*medeni durum*
fast	10	*neredeyse*
fehlen – es/das fehlt, hat gefehlt	6	*eksik olmak*
feminin	7	*dişi*
Fernsehen (das)	15	*televizyon*
fertig	15	*bitmiş*
Fest (das), -e	11	*festival*
Fiaker (der) (= Kaffeesorte)	7	*Fiaker: bir çeşit kahve*
Film (der), -e	14, 15	*film*
finden – er/sie findet, hat gefunden: eine Lösung finden	6, 12	*bulmak: çözüm bulmak*
Firma (die), -en	7	*şirket*
Firmenbesichtigung (die), -en	11	*şirket turu*
Firmenname (der), -n	6	*şirket ismi*
fliegen – er/sie fliegt, ist geflogen	11	*uçmak*
Fliegenpilz (der), -e (die Fliege + der Pilz)	9	*al sinekçi mantarı*
Flughafen (der), ¨	10	*hava alanı*
Flugzeug (das), -e	11	*uçak*
Flur (der), -e	9	*koridor*
Form (die), -en	12	*şekil*
förmlich	12	*resmi*
Formular (das), -e	3	*form*
Foto (das), -s	10	*fotoğraf*
Frage (die), -n	2	*soru*
fragen – er/sie fragt, hat gefragt	2	*sormak*
Fragewort (das), ¨er	3	*soru kelimesi*

Frankreich (das)	2	*Fransa*
französisch	14	*Fransızca, Fransız*
Frau (die), -en	1	*bayan*
frei	9	*boş; müsait*
Freitag (der)	12	*Cuma*
Freund (der), -e/Freundin (die), -nen	12, 15	*arkadaş*
freundlich	14	*arkadaşça*
Frisör (= Friseur), -e/die Frisörin (= Friseurin), -nen	12, 15	*berber*
früh	8	*erken*
früher	8	*daha önce*
Frühling (der)	13	*ilkbahar*
Frühstück (das)	13	*kahvaltı*
frühstücken – er/sie frühstückt, hat gefrühstückt	13	*kahvaltı yapmak*
für + Akk.	9	*için*
furchtbar (... viel)	5	*korkunç*
Fuß (der), ¨e	12	*ayak*
Fußball (der)	6	*futbol*

G

Gabel (die), -n	13	*çatal*
ganz	5, 13	*tamamen*
Garage (die), -n	9	*garaj*
Garten (der), ¨	9	*bahçe*
Gast (der), ¨e	12	*ziyaretçi*
Gäste-Casino (das)	12	*ziyaretçi kantini*
geben – er/sie/es gibt, hat gegeben	7, 13	*var olmak*
geboren sein (in)	3	*doğmak*
Geburtsdatum (das), -daten	3	*doğum tarihi*
Geburtsjahr (das), -e	3	*doğum yılı*
Geburtsland (das), ¨er	3	*doğduğu ülke*
Geburtsname (der), -n	3	*kızlık soyadı*
Geburtsort (der), -e	3	*doğum yeri*
Geburtstag (der), -e	12	*doğum günü*
gefallen – du gefällst, er/sie gefällt, hat gefallen	14	*hoşlanmak*
gegen	14	*yaklaşık*
gegenüber	12	*karşıda*
Gehalt (das), ¨er	9	*maaş*
gehen – er/sie geht, ist gegangen	6, 7, 8	*gitmek*
gehen – Wie geht's?	1	*Nasılsın?*
Geld (das), -er	9	*para*
gemütlich	9	*rahat*
Genitiv (der)	15	*-in hali*
geöffnet (von ... bis ...)	12	*açık (...dan ...ya kadar)*
geradeaus	11	*doğru*
gern, gerne	2, 4	*memnuniyetle*
Geschäft (das), -e	1	*iş*
Geschäftsleben (das)	12	*iş hayati*
Geschäftsleitung (die)	11	*yönetim*
Geschäftsmann (der), ¨er, -leute/Geschäftsfrau (die), -en	6, 15	*iş adamı*
Geschäftspartner (der), -	12	*iş ortağı*

Geschenk (das), -e	6	*hediye*
Geschichte (die)	6	*hikaye, tarih*
geschieden	3	*boşanmış*
Geschlecht (das), -er	3	*cinsiyet*
geschlossen (Montag ...)	12	*kapalı (Pazartesi ..)*
Geschwister (die Pl)	13	*erkek ve kız kardeşler*
Gespräch (das), -e	11	*sohbet*
gestern	8	*dün*
gesund	12	*sağlıklı*
Gesundheit (die)	12	*sağlık*
glauben – er/sie glaubt, hat geglaubt	12	*inanmak*
gleich (=)	9	*eşit*
gleich	10, 13	*hemen*
Glossar (das), -e	1	*sözlük*
Glück (das): Glück bringen	1, 4, 5, 9	*şans*
GmbH (die), -s	3	*Ltd. Şrk.*
Grammatik (die)	1	*gramer*
Griechenland (das)	10	*Yunanistan*
griechisch	14	*Yunanca*
groß	3, 5	*büyük*
Großbritannien (das)	3	*Büyük Britanya*
große Braune (der) (= Kaffeesorte)	7	*büyük kahverengi (bir çeşit kahve)*
Großeltern (die Pl)	13	*büyük anne, büyük baba*
Großmutter (die), ¨/ Großvater (der), ¨	13	*büyük anne - büyük baba*
Großstadt (die), ¨e	5	*şehir*
Gruß (der), ¨e	12	*selam*
Grüß Gott/Grüezi/Griaß di	1	*Merhaba.*
gut	1	*iyi*
Gute Nacht	1	*İyi geceler.*
Guten Abend	1	*İyi akşamlar.*
Guten Morgen	1	*Günaydın.*
Guten Tag	1	*İyi günler*

H

Haar (das), -e	12	*saç*
haben – er/sie hat, hat gehabt	4, 8	*sahip olmak*
Hafen (der), ¨	10	*liman*
halb (... drei)	10	*yarım*
halbe Stunde (die): eine halbe (1/2) Stunde	10	*yarım saat*
Hallo	1	*merhaba*
Hals (der), ¨e	12	*boyun*
Haltestelle (die), -n	13	*durak*
Hand (die), ¨e: sich die Hand/Hände schütteln	12	*el: el sıkışmak*
Handwerker (der), - /Handwerkerin (die), -nen	15	*zanaatkar*
Handy (das), -s	6	*cep telefonu*
Handy-Nummer (die), -n	6	*cep telefonu numarası*
hässlich	12	*çirkin*
Hauptstadt (die), ¨e	10	*başkent*
Haus (das), ¨er: zu Hause	5, 8	*ev: evde*
Hausfrau (die), -en/Hausmann (der), ¨er	13	*ev kadını/ev erkeği*

Hausnummer (die), -n	11	*ev numarası*
heißen – er/sie heißt	1	*ismi olmak*
heißen: das heißt	11	*ismi olmak: yani*
helfen – du hilfst, er/sie hilft, hat geholfen	7	*yardım etmek*
Herr (der), -en	1	*bay*
Herstellung (die)	12	*üretim bölümü*
herzlich	1	*içten*
Herzlich willkommen	1	*hoşgeldiniz*
herzliche Grüße (aus)	15	*en iyi dileklerle*
heute	5	*bugün*
heute Abend/Mittag	10, 11	*bu akşam*
hier	4	*burada*
Hilfe (die), -n: Hilfe!	12	*yardım: imdat*
Hobby (das), -s	6	*hobi*
hoffen – er/sie hofft, hat gehofft	12	*ümit*
höflich	7	*nazik*
Holland (das)	14	*Hollanda*
holländisch	14	*Hollanda dili*
hören – er/sie hört, hat gehört	1	*duymak*
Hotel (das), -s	3	*otel*
Hotelanmeldung (die), -en	3	*otel kaydı*
Hotelzimmer (das), -	10	*otel odası*
Hufeisen (das), -	9	*at nalı*
Hunger (der): Hunger haben	8	*açlık: aç olmak*

I

ich	1	*ben*
ihr	1	*siz*
ihr, ihre	6	*onun, onların*
im Norden/Süden von ...	9	*-in kuzeyinde/güneyinde*
immer	6	*her zaman*
in	2	*-de, -da*
„in" sein	12	*moda olmak*
in der Nähe	13	*yakınında*
Indien (das)	3	*Hindistan*
Indonesien (das)	3	*Endonezya*
Informatik (die)	6	*bilgisayar bilimi*
Informatiker (der), -/Informatikerin (die), -nen	7	*enformatikçi*
Information (die), -en	11	*bilgi*
Informationszentrum (das), -zentren	12	*bilgi merkezi*
informell	10	*resmi olmayan*
Ingenieur (der), -e/Ingenieurin (die), -nen	6, 15	*mühendis*
Inhalt (der), -e	1	*içindekiler*
interessant	9	*ilginç*
Interview (das), -s	4	*röportaj*
Irak (der/-)	3	*Irak*
Iran (der/-)	3	*İran*
irisch	14	*İrlandaca*
IT-Abteilung (die), -en	12	*bilgi işlem bölümü*
Italien (das)	2	*İtalya*
italienisch	14	*İtalyanca*

J

ja	1	*evet*
Ja/Nein-Frage (die), -n	4	*evet/hayır sorusu*
ja: Sie sind ja ...	4	*evet, gerçekten*
Jahr (das), -e	2	*yıl*
Jahreszeit (die), -en	13	*mevsim*
Japan (das)	3	*Japonya*
japanisch	14	*Japonca*
jemand	8	*birisi*
Jemen (der)	3	*Yemen*
jetzt	7	*şimdi*
Job (der), -s	3	*iş*
Journalist (der), -en/Journalistin (die), -nen	15	*gazeteci*
Junge (der), -n	13	*oğlan/erkek çocuk*

K

Kaffee (der), -s	7	*kahve*
Kaffeepause (die), -n	7	*kahve molası*
Kalender (der), -	12	*takvim*
kalt	4	*soğuk*
Kanal (der), ⸚e	10	*kanal*
Kantine (die), -n	7	*kantin*
Kantinenleitung (die)	12	*kantin müdürü*
kaputt	11	*bozuk*
Kapuziner (der), (= Kaffeesorte)	7	*Kapuziner (bir çeşit kahve)*
Karriere (die), -n	6	*kariyer*
Karte (die), -n	3, 5, 7	*harita*
Käse (der)	13	*peynir*
kein, keine	11	*hiç*
Keller (der), -	11	*bodrum*
kennen – er/sie kennt, hat gekannt	2	*bilmek*
kennenlernen – er/sie lernt kennen, hat kennengelernt	12	*tanışmak*
Kfz-Mechaniker (der), - /Kfz-Mechanikerin (die), -nen (Kfz = Kraftfahrzeug)	15	*araba tamircisi*
Kilometer (der), -	6	*kilometre*
Kind (das), -er	13	*çocuk*
klar	2	*tamam*
klasse	8	*harika*
Kleeblatt (das), ⸚er	9	*yonca yaprağı*
klein	5	*küçük*
kleine Braune (der) (= Kaffeesorte)	7	*küçük kahverengi (bir çeşit kahve)*
Kleinstadt (die), ⸚e	5	*kasaba*
kochen – er/sie kocht, hat gekocht	8	*pişirmek*
Kollege (der), -n	12	*meslektaş*
kommen – er/sie kommt, ist gekommen	2, 11	*gelmek*
Kommt Zeit, kommt Rat.	8	*Zaman ilerledikçe çözüm bulunur.*
Konferenzraum (der), ⸚e	12	*konferans odası*
Konferenzzimmer (das), -	12	*konferans odası*

können – er/sie kann	7	*-ebilmek*
Kontinent (der), -e	13	*kita*
Kopf (der), ¨-e	12	*kafa, baş*
Korea (das)	4	*Kore*
Koreaner (der), –/Koreanerin (die), -nen	4	*Koreli*
korrigieren – er/sie korrigiert, hat korrigiert	5	*doğru*
kosten	5	*tatmak*
krank	12	*hasta*
Krankenzimmer (das), -	12	*hasta odası*
Krankheit (die), -en	12	*hastalık*
Küche (die), -n	9	*mutfak*
Küchenuhr (die), -en	10	*mutfak saati*
Kuckucksuhr (die), -en	10	*guguklu saat*
kurz	5	*kisa*

L

Lager (das), -	12	*depo*
Land (das), ¨-er	3	*ülke*
Ländername (der), -n	3	*ülke adı*
Landkarte (die), -n	5	*harita*
lang, lange	5	*uzun*
lang: der lange Vokal	2	*uzun; uzun sesli*
langsam	3	*yavaş*
leben – er/sie lebt, hat gelebt	2	*yaşamak*
ledig	3	*bekar*
Lehrer (der), -/Lehrerin (die), -nen	15	*öğretmen*
leider	4	*ne yazık ki, korkarım*
Leiter (der), -	4	*amir*
Leitung (die), -en	12	*yönetim*
Lektion (die), -en	1	*ders*
lernen – er/sie lernt, hat gelernt	14	*öğrenmek*
lesen – du liest, er/sie liest, hat gelesen	5	*okumak*
Lettland (das)	7	*Latvia*
Libanon (der)	3	*Lübnan*
Liebe Grüße	15	*sevgiler*
lieber (als) (gern – lieber – am liebsten)	13	*-den daha çok severek*
Lieber .../Liebe ...	15	*Sevgili ...*
Lieblings- (-essen/-bruder/-film/-hotel ...)	14	*en sevilen (yemek ...)*
liegen - es liegt	6	*yatmak*
Likör (der)	8	*likör*
Limo (die), -s (= Limonade (die), -en)	8	*limonata*
links	12	*sol*
Liter (= l) (der)	7	*litre*
Löffel (der), -	13	*kaşik*
Lösung (die), -en	9	*çözüm*

M

machen – er/sie macht, hat gemacht	8	*yapmak*
machen: Das macht nichts.	7	*Önemli değil.*
macht nichts (= Das ...)	10	*tamam*
Mädchen (das), -	13	*kız*

Mahlzeit (die)	12	*yemek vakti: öğlenleri yemek vaktinde meslektaşlar arasındaki selamlaşma*
Mail (die), -s	15	*e-mail*
mal: Sag mal ...	13	*Bana söyle ...*
Maler (der), -/Malerin (die), -nen	15	*ressam*
Mama (die)	14	*anne*
man	8	*insan, adam*
manchmal	12	*bazen*
Mann (der), ¨-er	13	*erkek, koca*
männlich	3	*erkekçe*
Marienkäfer (der), - (der Käfer)	9	*gelinböceği*
Marketing (das)	7	*pazarlama*
Marketing-Abteilung (die), -en	12	*pazarlama bölümü*
Marketing-Chef (der)	7	*pazarlama müdürü*
markieren – er/sie markiert, hat markiert	1	*işaretlemek*
Markt (der), ¨-e	12	*piyasa, Pazar*
Marmelade (die), -n	13	*marmelat*
Maschinenbaumechaniker (der), -/Maschinenbaumechanikerin (die), -nen	15	*makine mühendisi*
maskulin	7	*eril*
Maurer (der), -/ Maurerin (die), -nen	13	*duvar ustası*
Medien-Design	6	*medya tasarımı*
Medien-Designer (der), -/Medien-Designerin (die), -nen	6	*medya tasarımı / medya tasarımcısı*
mein, meine	1, 13	*benim*
meinen – er/sie meint, hat gemeint	13	*düşünmek*
meistens	12	*genelde*
Melange (die) (= Kaffeesorte)	7	*melange (bir çeşit kahve)*
Messer (das), -	13	*bıçak*
Meter (der/das), -	9	*metre*
mexikanisch	14	*Meksika dili*
Mexiko	14	*Meksika*
Miete (die), -n	9	*kira*
mieten – er/sie mietet, hat gemietet	11	*kiralamak*
Milch (die)	7	*süt*
Milchkaffee (der), -s	7	*sütlü kahve*
Million (die), -en	6	*milyon*
minus	9	*eksi*
Minute (die), -n	5	*dakika*
mit + Dat.	3, 5, 11	*ile*
mitkommen – er/sie kommt mit, ist mitgekommen	13	*biriyle gelmek*
Mittag (der), -e	7	*öğle*
mittags	10	*öğlenleri*
Mittwoch (der)	12	*Çarşamba*
möchten – er/sie möchte	7	*istemek*
mögen – er/sie mag, hat gemocht	13	*hoşlanmak*
Mokka (der), (= Kaffeesorte)	7	*kahve*
Moldawien (das)	3	*Moldavya*
Moment (der), -e (einen Moment ...; im Moment)	11	*an: bir saniye ... ; şu anda*
Monat (der), -e	3	*ay*

monatlich	9	*aylık*
monatlich kalt/warm	9	*aylık ısıtma dahil/dahil değil*
Montag (der)	12	*Pazartesi*
morgen	4	*yarın*
Morgen (der), -	1	*sabah*
morgens	10	*sabahları*
Mund (der), ¨-er	12	*ağız*
mündlich	10	*sözel*
Musik (die)	6	*müzik*
Müsli (das)	13	*müsli*
Mutter (die), ¨	13	*anne*

N

Na ja	2	*Tamam.*
na klar	8	*Şüphesiz.*
nach	5, 10	*eve gitmek*
nach Hause	5	*eve*
nach: nach rechts	12	*sağa*
Nachbarland (das), ¨-er	5	*komşu ülke*
nachgehen: die Uhr geht nach, ist nachgegangen	10	*geri kalmak: saat geri geri kalıyor*
nachmittags	10	*öğleden sonraları*
Nachname (der), -n	1	*soyad*
nachsprechen – du sprichst nach, er/sie spricht nach, hat nachgesprochen	13	*tekrar etmek*
Nacht (die), ¨-e: Gute Nacht	1	*gece; İyi geceler.*
Nähe (die)	13	*yakınlık*
Name (der), -n	3	*isim*
nämlich	8	*aslında*
Nationalität (die), -en	3	*milliyet*
natürlich	7	*elbette*
negativ	4	*olumsuz*
nehmen – du nimmst, er/sie nimmt, hat genommen	7	*almak*
Nein	3	*hayır*
nett	5	*hoş*
neu	3, 6	*yeni*
Neuseeland (das)	4	*Yeni Zelanda*
neutral	7	*nötr*
nicht	2	*değil*
nicht wahr?	14	*öyle değil mi?*
nichts	7	*hiçbir şey*
nie	12	*asla*
Niederlande (die Pl)	2	*Hollanda*
niemand	8	*hiçkimse*
noch	5	*hâlâ*
noch einmal	5	*bir kez daha*
Nomen (das), -	3	*isim*
Nominativ (der), -e	9	*yalın hal*
Norddeutschland (das)	1	*Kuzey Almanya*
Norden (der)	6	*Kuzey*
Nordeuropa (das)	7	*Kuzey Avrupa*

nördlich (von)	6	*-in kuzeyinde*
Norwegen (das)	10	*Norveç*
Notarzt (der), ¨-e/Notärztin (die), -nen	12	*acil doktor*
notieren – er/sie notiert, hat notiert	5	*not almak*
Notiz (die), -en: Notizen machen	7	*not*
null (= 0)	9	*sıfır*
Nummer (die), -n	3	*numara*
nur	7	*sadece*

O

Oberbegriff (der), -e	13	*terim*
Obst (das)	13	*meyve*
oder	1	*veya*
offiziell	10	*resmi*
öffnen – er/sie öffnet, hat geöffnet	12	*açmak*
Öffnungszeiten (die Pl)	12	*açık olduğu saatler*
oft	12	*sıklıkla*
ohne + Akk.	2	*-siz*
Oma (die), -s	13	*büyük anne*
Onkel (der), -s	13	*amca*
Opa (der), -s	13	*büyük baba*
Ordnung (die): in Ordnung	11	*düzen: düzenli*
Ort (der), -e	3	*yer*
Osten (der)	6	*doğu*
Österreich (das)	1	*Auvusturya*
östlich (von)	6	*doğusunda*

P

Papa (der), -s	14	*baba*
Party (die), -s	6	*parti*
Pass (der), ¨-e	3	*pasaport*
passen – es passt, hat gepasst	1	*uymak*
passend	2	*uygun*
passieren – es/das passiert, ist passiert	12	*olmak*
Pass-Nummer (die), -n	3	*pasaport numarası*
Passwort (das), ¨-er	11	*şifre*
Pause (die), -n	7	*ara, mola*
Pension (die), -en	11	*pansiyon*
perfekt	14	*mükemmel*
Person (die), -en	1	*kişi*
Personalpronomen (das), -	4	*şahıs zamiri*
Pfiat di	1	*Hoşçakal.*
Pilot (der), -en/Pilotin (die), -nen	15	*pilot*
Plakat (das), -e	12	*afiş*
Platz (der), ¨-e: viel/wenig Platz; Platz nehmen; Platz machen	3, 9, 12	*yer; çok/az yer; oturmak, yer açmak*
plötzlich	12	*aniden*
Plural (der), -e	1	*çokluk*
plus	9	*artı*
Polen (das)	3	*Polonya*
Politiker (der), -/Politikerin (die), -nen	15	*politikacı*

Polizist (der), -en/Polizistin (die), -nen	15	*polis memuru*
Portugal (das)	10	*Portekiz*
positiv	4	*olumlu*
Possessivartikel (der), -	13	*iyelik artikeli*
Postleitzahl (= PLZ) (die), -en	3	*posta kodu*
praktisch	4	*pratik*
Präsens (das)	2	*şimdiki zaman*
Präteritum (das)	14	*geçmiş zamanın hikayesi*
Praxis (die), Praxen	12	*muayenehane*
prima	4	*harika*
pro (pro Person)	9	*kişi başina*
probieren – er/sie probiert, hat probiert	8	*denemek*
Probieren geht über studieren.	8	*Denemek okumaktan daha değerlidir.*
Problem (das), -e; Kein Problem.	10	*problem; problem değil*
Produktion (die), -en	12	*üretim bölümü*
Pünktlichkeit (die)	12	*dakiklik*

Q

qm = m2 (= Quadratmeter)	9	*m2 (=metre kare)*
Quittung (die), -en	10	*fatura*
Quiz (das)	2	*soru cevap oyunu*

R

Rätsel (das), -	9	*bulmaca*
Raum (der), ¨-e	12	*oda*
rechnen – er/sie rechnet, hat gerechnet	9	*hesaplamak*
recht haben – er/sie hat recht, hat recht gehabt	8	*haklı olmak*
rechts	12	*sağda*
Rechtsanwalt (der), ¨-e/Rechtsanwältin (die), -nen	15	*avukat*
Redaktion (die), -en	12	*redaksiyon*
Regisseur (der), -e/Regisseurin (die), -nen	13	*yönetmen*
regnen – es regnet, hat geregnet	4	*yağmur yağmak*
reichen – es/das reicht, hat gereicht	9	*yeterli olmak*
Reise (die), -n	4	*seyahat*
Reiseziel (das), -e	10	*seyahat hedefi*
Reporter (der), -	3	*gazeteci*
Restaurant (das), -s	13	*restoran*
richtig	2	*doğru*
richtig gehen: die Uhr geht richtig, ist richtig gegangen	10	*doğru olmak: saat doğru*
rufen – er/sie ruft, hat gerufen	12	*çağırmak*
Rumänien (das)	3	*Romanya*
Russland (das)	3	*Rusya*

S

sagen – er/sie sagt, hat gesagt: sagt man	2, 8	*söylemek, anlatmak: insanlar diyor ki*
Salat (der), -e	8	*salata*
Salut	1	*hoşçakal*
Satz (der), ¨-e	3	*cümle*

Satzstellung (die), -en	12	*cümle düzeni*
S-Bahn (die) (S = schnell), -en	5	*şehir ve banliyö treni*
schade	8	*ne yazık ki*
Schale (die), -n (= Kaffeetasse)	7	*kâse*
scheinen – er/sie scheint, hat geschienen	4	*parlamak, görünmek*
schlafen – du schläfst, er/sie schläft, hat geschlafen	9	*uyumak*
Schlafzimmer (das), -	9	*yatak odası*
schlecht	4	*kötü*
schlimm	5	*kötü*
Schloss (das), ¨-er	6	*şato*
Schmerzen (die Pl)	12	*acı*
schneien – es schneit, hat geschneit	4	*kar yağmak*
schnell	3	*hızlı*
schon	2	*zaten*
schön	4	*güzel*
Schornsteinfeger (der), - / Schornsteinfegerin (die), -nen	9, 15	*baca temizleyicisi*
schrecklich	10	*korkunç*
schreiben – er/sie schreibt, hat geschrieben	1	*yazmak*
Schule (die), -n	13	*okul*
Schüler (der), -/Schülerin (die), -nen	15	*öğrenci*
schütteln sich die Hand – er/sie schüttelt, hat geschüttelt: sich die Hand schütteln	12	*el sıkışmak*
Schwarze (der), (= Kaffeesorte)	7	*Siyah (bir çeşit kahve)*
Schweden (das)	10	*İsveç*
Schwein (das), -e	9	*domuz*
Schweiz (die)	1	*İsviçre*
schweizerisch	14	*İsviçreli, İsviçrece*
schwer	6	*zor; ağır*
Schwester (die), -n	13	*kız kardeş*
Schwiegersohn (der), ¨-e/Schwiegertochter (die), ¨-	13	*kayınbirader / baldız*
Schwiegervater (der), ¨-/Schwiegermutter (die), ¨-	13	*kayınpeder / kayınvalide*
sehen – du siehst, er/sie sieht, hat gesehen	10	*görmek*
sehr	2	*çok*
sein – er/sie ist, ist gewesen	1	*olmak*
sein, seine	6	*onun*
Seite (die), -n	2	*taraf, sayfa*
Sekretariat (das), -e	11	*sekreterlik*
Selbstbedienung (die)	12	*selfservis*
Semesterferien (die Pl)	13, 14	*sömestr tatili*
senkrecht	7	*dikey*
Serviette (die), -n	7	*peçete*
Servus	1	*hoşçakal*
sich die Hand schütteln – sie schütteln sich die Hand, haben sich die Hand geschüttelt	12	*el sıkışmak*
sich entschuldigen – er/sie entschuldigt sich, hat sich entschuldigt	12	*özür dilemek*
sich ergeben – es/das ergibt sich, hat sich ergeben	11	*oluşmak*
sich sehen - sie sehen sich, haben sich gesehen	12	*görüşmek*
sicher	14	*kesin*
sie (Pl)	1	*onlar*

sie (Sg)	1	*o*
Sie (Sg/Pl)	1	*siz*
Silbe (die), -n	11	*hece*
Singular (der)	1	*teklik*
sitzen – er/sie sitzt, hat gesessen	12	*oturmak*
Ski fahren – du fährst Ski, er/sie fährt Ski, ist Ski gefahren	6	*kaymak, kayağa gitmek*
Skizze (die), -n	12	*eskiz*
Slowenien (das)	3	*Slovenya*
so	2	*şöyle*
so gegen ...	14	*... civarında*
sofort	9	*hemen*
Software-Entwickler (der), -/Software-Entwicklerin (die), -nen	15	*yazılımcı*
sogar	9	*bile*
Sohn (der), ¨-e	13	*erkek evlat*
Sommer (der)	13	*yaz*
Sonnabend/Samstag (der)	12	*Cumartesi*
Sonne (die)	4	*güneş*
Sonntag (der), -e	12	*Pazar*
Sorgen (die Pl)	8	*endişe*
Sozialarbeiter (der), -/Sozialarbeiterin (die), -nen	15	*sosyal yardım elemanı*
Spaghetti (die Pl)	8	*spagetti*
Spanien (das)	3	*İspanya*
spanisch	14	*İspanyol, İspanyolca*
sparen – er/sie spart, hat gespart	9	*tasarruf etmek*
Spargel (der), -	14	*kuşkonmaz*
Spaß (der): Spaß machen	8	*eğlence: eğlenmek*
spät	5	*geç*
später	8	*daha sonra*
Sprache (die), -n	6	*dil*
Sprachenschule (die), -n	14	*dil okulu*
sprechen – du sprichst, er/sie spricht, hat gesprochen	3, 8, 14	*konuşmak*
Sprechstunde (die), -n	12	*muayene saati*
Sprechübung (die), -en	10	*konuşma alıştırması*
Sprichwort (das), ¨-er	8	*deyim*
Stadt (die), ¨-e	3	*şehir*
Stadtautobahn (die), -en	10	*şehir otoyolu*
Städtename (der), -n	2	*şehir ismi*
Stadtplan (der), ¨-e	12	*şehir haritası*
Stadtrundfahrt (die), -en	4	*şehir turu*
Start (der), -s	3	*başlangıç*
starten – er/sie startet, ist gestartet	11	*başlamak*
Stau (der), -s	10	*yoğun trafik*
Stelle (die), -n	15	*iş*
Stellenmarkt (der), ¨-e	15	*iş piyasası*
Steward (der), -s/Stewardess (die), -en	6, 15	*hostes*
Stichwort (das), ¨-er	13	*anahtar kelime*
stimmen – es/das stimmt, hat gestimmt	8	*doğru olmak*
Straße (die), -n	3	*cadde*

Student (der), -en/Studentin (die), -nen	6	*öğrenci*
studieren – er/sie studiert, hat studiert	6	*okumak*
Stunde (die), -n	5, 10	*saat*
suchen – er/sie sucht, hat gesucht	2	*aramak*
Sudan (der)	3	*Sudan*
Süden (der)	6	*güney*
südlich (von)	6	*-in güneyinde*
super	5	*süper*
Supermarkt (der), ¨-e	12	*süpermarket*
sympathisch	6	*sempatik*

T

Tag (der), -e	1	*gün*
Tagebuch (das). ¨-er	8	*günlük*
täglich	12	*günlük*
Tante (die), -n	13	*teyze*
Taschenuhr (die), -en	10	*cep saati*
Tasse (die), -n	7	*fincan*
Taxi (das), -s	10	*taksi*
Taxifahrer (der), -/Taxifahrerin (die), -nen	10, 15	*taksi şoförü*
Techniker (der), -/Technikerin (die), -nen	15	*teknisyen*
Tee (der), -s	7	*çay*
Teil (der), -e	11	*bölüm*
Tel./Telefon (das)	3	*telefon*
telefonieren – er/sie telefoniert, hat telefoniert	7	*telefon etmek*
Telefonnummer (die), -n	6	*telefon numarası*
Teller (der), -	13	*tabak*
Tennis (das)	6	*tenis*
Termin (der), -e	10	*randevu*
Terrasse (die), -n	9	*teras*
Test (der), -s	13	*test*
teuer	11	*pahalı*
Text (der), -e	5	*metin*
Textbaustein (der), -e	15	*metin parçası*
Textbuch (das), ¨-er	1	*metin kitabı*
Ticket (das), -s	6	*bilet*
Tipp (der), -s	12	*bahşiş*
Tochter (die), ¨-	13	*kız evlat*
Toilette (die), -n	9	*tuvalet*
toll	14	*harika*
Ton (der), ¨-e	8	*ses*
Tourist (der), -en	12	*turist*
Traumberuf (der), -e	15	*rüya mesleği*
träumen – er/sie träumt, hat geträumt	10	*rüya*
Treppe (die), -n	12	*merdiven*
trinken – er/sie trinkt, hat getrunken	7	*içmek*
Tschüs	1	*hoşçakal*
tun – er/sie tut, hat getan	12	*yapmak*
Tür (die), -en	9	*kapı*
Türkei (die)	3	*Türkiye*
türkisch	14	*Türk, Türkçe*

Tut mir leid.	7	*Özür dilerim.*

U

üben – er/sie übt, hat geübt	11	*pratik yapmak*
Überraschung (die), -en	8	*sürpriz*
übersetzen – er/sie übersetzt, hat übersetzt	15	*çeviri yapmak*
Übersetzer (der), - /Übersetzerin (die), -nen	15	*tercüman*
Übersetzung (die), -en	12	*çeviri*
übrigens	13	*bunun yanında*
Übung (die), -en	1	*alıştırma*
Uf Widerluege	1	*Hoşçakal.*
Uhr (die), -en: Es ist 6 Uhr.	10	*saat: saat 6*
Uhrzeit (die), -en	10	*zaman*
um (...6 Uhr)	10	*... (saat 6)'da*
unbestimmt	7	*belirsiz*
und	1	*ve*
ungefähr	10	*yaklaşık*
Uni (= Universität) (die), -s	12	*ünv. (üniversite)*
Universität (die), -en	7	*üniversite*
unpünktlich	12	*dakik olmayan*
Unterschrift (die), -en	3	*imza*
unterstreichen – er/sie unterstreicht, hat unterstrichen	1	*altını çizmek*
USA (die Vereinigten Staaten von Amerika)	3	*ABD*
usw. (= und so weiter)	3	*vs.*

V

Vater (der), ¨-	13	*baba*
Verb (das), -en	2	*fiil*
verboten	6	*yasak*
verdienen – er/sie verdient, hat verdient	15	*kazanmak, hak etmek*
vergleichen – er/sie vergleicht, hat verglichen	1	*karşılaştırmak*
verheiratet	3	*evli*
Verkäufer (der) -/die Verkäuferin, -nen	15	*satıcı*
Verkehr (der)	10	*trafik*
Verneinung (die)	4	*olumsuz*
Versand (der)	12	*gönderme bölümü*
verstehen – er/sie versteht, hat verstanden	12	*anlamak*
Vertrieb (der)	11	*satış bölümü*
Viel Glück!	13	*İyi şanslar.*
Viel Spaß!	11	*İyi eğlenceler.*
viel, viele	5	*çok*
viele Grüße (aus ...)	15	*(... den) iyi dilekler.*
Vielen Dank	5	*Teşekkür ederim.*
vielleicht	4	*belki*
Viertel vor/nach ..., viertel ...	10	*çeyrek (geçe/kala)*
Viertelstunde (die)	10	*çeyrek*
Visitenkarte (die), -n	3	*kartvizit*
Visum (das), Visa	3	*vize*
Vokal (der), -e	8	*sesli*
Vokalwechsel (der), -	8	*sesli harf değişimi*

Volkswagen (der), -	15	*Volkswagen*
von ... bis	12	*...dan ...e kadar*
von + Dativ	3	*-den, -dan*
von Beruf (sein)	6	*meslek olarak ...*
Von nichts kommt nichts. (Sprichwort)	8	*Çabasız bir yere ulaşılmaz.*
vor (... 6 Uhr)	10	*(... saat 6)dan önce*
vor/nach (Minuten)	10	*(... dakika) geçe/kala*
vorgehen: die Uhr geht vor, ist vorgegangen	10	*ileri gitmek: saat ileri gidiyor*
Vormittag (der)	12	*öğleden önce*
vormittags	10	*öğleden önceleri*
Vorname (der), -n	3	*isim*
Vorschlag (der), ¨-e	11	*tavsiye*
Vorwahlnummer (die), -n	11	*bölge kodu*
Vorwort (das)	1	*önsöz*

W

waagerecht	7	*yatay*
Wagen (der), -	14	*araba*
Wann?	5	*ne zaman*
warm	4	*sıcak*
warten – er/sie wartet, hat gewartet	11	*beklemek*
Warum?	11	*neden*
was = etwas	8	*bir şey*
Was?	3	*Ne?*
Wasser (das)	10	*su*
WC (das), -s	9	*WC*
Weg (der), -e	11	*yol*
weg sein – er/sie ist weg, ist weg gewesen	13	*uzakta olmak*
wehtun – es/das tut weh, hat weh getan	12	*incitmek*
weiblich	3	*kadın*
weiß	14	*beyaz*
weit	4	*uzak; geniş*
Welcher?/Welche?/Welches?	5, 17	*Ne? Hangi?*
wenig, wenige	5	*az*
wenn	12	*-ında, -inde*
Wer Sorgen hat, hat auch Likör.	8	*Derdi olanın tesellisi de vardır.*
Wer?	6	*Kim?*
werden – du wirst, er/sie wird, ist geworden	12	*olmak*
Westen (der)	6	*batı*
westlich (von)	6	*-in batısında*
Wetter (das)	4	*hava durumu*
W-Frage (die), -n	6	*W-sorusu*
wichtig	12	*önemli*
wie (A wie Anton)	6	*(Anton'un A'sı) gibi*
Wie alt?	6	*Kaç yaşında?*
Wie bitte?	5	*Afedersiniz?*
Wie lange?	5	*Ne kadar zamandır?*
Wie spät (ist es)?	10	*Saat kaç?*
Wie weit?	10	*Ne kadar uzakta?*
Wie?	1	*Nasıl? Ne?*
wieder	5	*tekrar*

wiederholen – er/sie wiederholt, hat wiederholt	3	*tekrar etmek*
Wiener Melange (die) (= Kaffeesorte)	7	*Viyana Melange (bir çeşit kahve)*
willkommen	1	*hoşgeldiniz*
windig	4	*rüzgârlı*
wir	1	*biz*
wirklich	14	*gerçekten*
Wo?	2	*Nerede?*
Woche (die), -n	13	*hafta*
Wochenende (das), -n	13	*haftasonu*
Wochentag (der), -e	12	*haftanın günleri*
Woher?	2	*Nereden?*
Wohin?	8	*Nereye?*
wohnen – er/sie wohnt, hat gewohnt	2	*oturmak*
Wohnung (die), -en	9	*daire*
Wohnzimmer (das), -	9	*oturma odası*
Wort (das), ¨-er	5	*kelime*
Wörtersalat (der)	13	*kelime salatası*

Z

Zahl (die), -en	3	*sayı*
Zahn (der), ¨-e	12	*diş*
Zahnschmerzen (die Pl)	12	*diş ağrısı*
zeichnen – er/sie zeichnet, hat gezeichnet	12	*çizmek*
zeigt: die Uhr zeigt	10	*göstermek*
Zeit (die), -en	4	*zaman*
Zeit (die): Zeit haben	4, 6	*zaman: zamanı olmak*
Zeitangabe (die), -n	11	*zaman ifadesi*
Zeitschrift (die), -en	12	*dergi*
Zentrum (das), Zentren	4	*merkez*
Ziel (das), -e	3	*hedef*
ziemlich	15	*oldukça*
Zimmer (das), -	9	*oda*
zu (spät)	12	*çok (geç)*
zu Fuß (gehen)	12	*yürümek*
zu Hause	8	*evde*
zu spät: zu spät kommen	10	*çok geç; geç kalmak*
zu/zum/zur + Dativ	10, 11, 19	*-e, -a*
Zucker (der)	7	*şeker*
zuerst	4	*önce*
Zug (der), ¨-e	11	*tren*
zuhören – er/sie hört zu, hat zugehört	3	*dinlemek*
zum Glück	12	*iyi ki*
zum Schluss	14	*sonunda*
zum/zur: zur Schule gehen	10, 13	*-e, -a: okula gitmek*
Zuname (der), -n	6	*soyisim*
zuordnen – er/sie ordnet zu, hat zugeordnet	1	*eşleştirmek*
zurück	11	*geri*
zurückfahren – er/sie fährt zurück, ist zurückgefahren	12	*geri sürmek*
zurückfliegen – er/sie fliegt zurück, ist zurückgeflogen	11	*geri uçmak*

zurückgehen – er/sie geht zurück, ist zurückgegangen	12	*geri gitmek*
zusammengehören – es/das gehört zusammen, hat zusammengehört	3	*birbirine ait olmak*
zusammenpassen – das passt zusammen, hat zusammengepasst	1	*birbirine uymak*
zusammensetzen – er/sie setzt zusammen, hat zusammengesetzt	15	*birleştirmek*
zwischen + Dativ	14	*arasında*

Lösungen / Cevap Anahtarı

Ders 1

1 a3, b4, c1, d2, e5
3 Guten Tag. Sind Sie Herr Heinrich? / Ja, das bin ich. / Mein Name ist Bruckner, Chris Bruckner. / Guten Tag, Frau Bruckner. Herzlich willkommen.
Hallo, Rob. / Hallo, Claudia. / Wie geht's dir? / Danke, gut.
4 Hallo, Rob. – Hallo, Claudia.
Wie geht es Ihnen? – Danke, gut. Und Ihnen?
Guten Tag, ich bin Chris Bruckner. – Guten Tag, Frau Bruckner. Herzlich willkommen.
Wie geht's dir? – Gut, danke.
Sind Sie Herr Heinrich? – Ja, das bin ich.
5 **Sie:** Sie, Guten Tag, Frau; **du:** Hallo, Hallo
6 **Sie:** Sind, bin, ist
du: Bist, bin, bin, bin
7 1. Guten Tag, 2. Danke, gut, 3. Hallo, 4. Ich bin Felix.
8 1a, 2c, 3a
9 Das sind Sie. Das sind wir. Das seid ihr. Das ist sie (*Sing.*). Das bin ich. Das ist er. Das sind sie (*Pl.*).
10 Ich bin, Sind Sie, Bist du, Herr Heinrich ist, Wir sind, Seid ihr, Sind Sie
11 Grüß Gott. – Grüß Gott.; Hallo, ..., wie geht's? – Gut, und dir?; Grüezi. – Grüezi, Nina.

Çalışma Kitabı s. 9 / Metin Kitabı s. 8: Guten Tag, Servus, Grüezi

1 (Norddeutschland:) Guten Tag. Hallo. Auf Wiedersehen. Tschüs.
2 (Bayern:) Grüß Gott. Griaß di. Auf Wiederschaun. Pfiat di.
3 (Österreich:) Grüß Gott. Servus. Baba.
4 (Schweiz:) Grüezi. Uf Widerluege. Salut.

Test

1. 1. Merhaba, 2. Günaydın, 3. Merhaba, 4. Nasılsınız? 5. Teşekkürler, iyiyim. 6. Hoşçakal
2. 1. Nacht, 2. Wiedersehen, 3. Guten, 4. Guten, 5. Guten, 6. Tschüs
3. 1. bin, 2. bist, 3. ist, 4. ist, 5. ist, 6. Sind, 7. Sind, 8. Sind
4. 1. bin, 2. Bist, 3. Sind, 4. bin, 5. ist, 6. ist

Ders 2

2 Sind Sie aus Berlin, Herr Heinrich?
Ja, klar. Und Sie, woher kommen Sie?
Aus Österreich, ich bin aus Wien. Aber ich lebe in München. Schon lange.
Sind Sie gern in München?
Ja, sehr gern. Ich wohne schon fünf Jahre dort.
Kennen Sie Berlin?
Ja, aber nicht gut.

3 1. Sind, 2. kommen, 3. bin, 4. lebe, 5. Sind, 6. wohne

4 aus Berlin, in Berlin, aus Österreich, in München, fünf Jahre dort, Berlin nicht gut

5 1. Nein, ich bin aus Wien. 2. Ja, schon lange. 3. Ja, aber nicht gut.

6 1. Nein, aus München. 2. Ja, klar. 3. Ja, das bin ich.

8 lebt, wohnt, wohnen, kommt, kommen, kennt, Kennen
Lebt Pierre in Paris? – Ja, er lebt in Paris. / Er ist aus Paris.
Kennen Sie Paris? – Ja, aber nicht gut. / Ich kenne London gut.

9 sein, wohnen, heißen, kennen

10 kennst, kennt, leben, wohnst, wohnt, wohnen, heiße, heißen

11 Ich heiße ... (sizin isminiz), Wie heißt ..., Er heißt ..., Wie heißen ..., Wir heißen ..., Wie heißt ..., Karla und Fritz heißen ...

12 kommt Andrea – Sie kommt; Lebt Pierre – Pierre lebt; kommen Graziella und Paolo – sie kommen; Wohnt Juan – Juan wohnt; Kennen Sie – ich kenne; Wohnt Elsbeta – sie wohnt

Çalışma Kitabı s. 15 / Metin Kitabı s. 12:
Städte-Quiz

Hamburg, Köln, Leipzig, Augsburg, Bern, Zürich, Salzburg, Graz
D ist Deutschland. A ist Österreich. CH ist die Schweiz.

Test

1. 1. Nasılsınız? 2. Evet, tabii. 3 Evet, benim.

2. 1. kommen, 2. leben / wohnen, 3. heißen, 4. sein, 5. kennen

3. 1. aus, 2. Kommen, 3. wohne, 4. Sie, 5. Kennen, 6. Kommen

4. 1. Woher kommen Sie? 2. Sind Sie aus Hamburg? 3. Wohnen Sie in München? 4. Kennen Sie Berlin? 5. Sind Sie Herr Müller? 6. Wie geht es Ihnen?

Ders 3

1 a. Groß, b. Julian, c. Stuttgart, d. Berlin, e. 10543, f. Neue Straße 10, g. Deutschland, h. *Julian Groß*
der Name – soyisim, der Vorname – isim, der Geburtsort – doğum yeri, die Adresse – addres, der Ort – yer, die Postleitzahl – posta kodu, die Straße – cadde, das Land – ülke, die Unterschrift – imza

4 a1, b1, c2, d8 oder 3, e8 oder 3, f4, g5, h7, i6

5 der Ort, der Name, die Postleitzahl, der Vorname, die Straße, die Adresse, das Land

6 Adresse

8 der Pass – das Visum, der Name – der Vorname, der Ort – die Postleitzahl, männlich – weiblich, ledig – verheiratet, das Hotel – die Adresse, der Geburtsort – das Geburtsjahr, Datum – Unterschrift

10 in, in, aus, in

11 Argentinien, Australien, Belgien, Brasilien, Bulgarien, Großbritannien, Indien, Indonesien, Italien, Kroatien, Moldawien, Rumänien, Slowenien

12 Aus Russland, Aus Frankreich, Aus den USA, Aus Deutschland, Aus der Schweiz, Aus Japan

13 null, eins, zwei, drei, vier, fünf, sechs, sieben, acht, neun, zehn

14 70190, 80805, 76137, 60313, 69118, 20143

18 fünf, zwei, vier, neun

Çalışma Kitabı s. 21 / Metin Kitabı s. 16: Ausländer in Deutschland

Entschuldigen Sie, woher sind Sie?
Aus Deutschland.
Aus Deutschland?
Ja, klar. Ich bin aus Berlin. Ich wohne hier.
Und wie heißen Sie?
Özcan Sağlem.
Aha.

Test

1. 1. İsminiz nedir? 2. Nerede doğdunuz? 3. Lütfen harf harf söyleyin. 4. Ben boşandım. 5. Nereden …? 6. Pasaport numaranız lütfen.
2. 1. das, 2. die, 3. die, 4. der, 5. der, 6. das
3. 1. verheiratet, 2. wohnen Sie, 3. Ihre Adresse, 4. kommen Sie, 5. die Pass-Nummer, 6. aus Österreich
4. 1. Müller, 2. Janssen, 3. Hamburg

Ders 4

1 Wie geht's? – 1, 2, 4
Wie ist das Wetter? – 2, 3
Wie ist das Hotel? – 1, 2, 3
Wie war die Reise? – 1, 2, 4

2 Das <u>Wet</u>ter ist <u>auch</u> prima.
<u>Ja</u>, es ist <u>schön</u> und <u>sehr</u> <u>warm</u>. Wie ist es denn in <u>Mün</u>chen?
<u>Lei</u>der <u>schlecht</u>. Es <u>reg</u>net schon <u>zwei</u> Tage.
Da haben Sie <u>hier</u> <u>Glück</u>. <u>Ken</u>nen Sie die Stadt?
<u>Nicht</u> sehr gut.
Dann machen wir eine <u>Stadt</u>rundfahrt. Vielleicht <u>mor</u>gen?
<u>Ja</u>, <u>ger</u>ne.

3 **Bruckner:** b, e, f, h; **Kühne:** a, c, d, g, i, j

4 a. gut, b. direkt im Zentrum, c. praktisch, d. nicht schlecht, e. in München, f. nicht sehr gut.

6 **Richtig:** Frau A. wohnt im Hotel Amsterdam. – Frau A. wohnt im Amsterdam. – Das Hotel ist sehr praktisch.

8 gut, gut, weit, praktisch, prima, schön, warm, schlecht, gut

9 Tag, Frau, Reise, Herr, Hotel, Zentrum, Wetter, München, Glück, Stadt, Stadtrundfahrt

10 die Reise, das Zentrum, die Adresse, das Land, der Name, der Tag, die Stadt, das Hotel, das Wetter, die Stadtrundfahrt, das Glück

11 Geschäft – es, Tag – er, Stadt – sie, Euro – er, Reise – sie, Haus – es, Auto – es, Zeit – sie, Adresse – sie

12 gut, herzlich, prima, schön, warm, schlecht, geschieden, ledig, neu, richtig, langsam, männlich, schnell, weiblich, falsch, kalt, negativ, praktisch, weit

13 Nein, das Wetter ist nicht schön. Nein, es regnet nicht. Nein, das Zentrum ist nicht weit. Nein, das Hotel ist nicht praktisch. Nein, die Reise ist nicht prima.

17 der Name, das Land, der Familienstand, die Adresse, das Geburtsland, die Nationalität

Çalışma Kitabı s. 27 / Metin Kitabı s. 20: Ländernamen

Neuseeland, England, Türkei, Russland, Deutschland, Österreich, China, Korea, Italien, Brasilien
4 Korea, 9 Österreich, 7 China, 5 Deutschland, 8 Brasilien, 6 England, 10 Russland, 1 Neuseeland, 3 Türkei, 2 Italien, 11 Frankreich

Test

1. 1. Nasılsın? 2. Çok iyi. 3. Maalesef, kötü.

2. 3 Es ist sehr warm. 1 Es ist windig. 5 Es ist kalt. 4 Die Sonne scheint. 6 Es regnet. 2 Es schneit.

3. 1. der, 2. die, 3. das, 4. die, 5. das, 6. das

4. 1., 3., 4., 5., 8.

5. 1. Nein, das ist nicht weit. 2. Nein, das ist nicht schön. 3. Nein, es ist nicht kalt. 4. Nein, es ist nicht windig. 5. Nein, es regnet nicht. 6. Nein, es schneit nicht.

Ders 5

1 a2, b5, c1, d4, e3

3 Was, Wo, Wie lange, Wie, Wann,

4 Die Fahrkarte kostet zwei Euro. – Robert und Claudia sind in Berlin. – Rosenheim ist eine Kleinstadt. – Berlin ist eine Großstadt. – Niki arbeitet furchtbar viel / sehr viel. – Robert arbeitet furchtbar wenig / sehr wenig / nicht viel.

5 heiße, ist, sind, ist, heißt

6 Zwei Euro. – Eine Stunde. – Super. – Mit der S-Bahn. – Spät. – Nein, furchtbar wenig.

7 Eine Stunde, die Fahrkarte, eine Frage, ein Hotel, eine Großstadt, ein Bundesland?

8 du: hast, arbeitest, fährst; er/sie/es: hat; arbeitet, fährt; ihr: arbeitet

9 die Minute, die Fahrkarte, die Großstadt, der Euro, die Kleinstadt, die Stunde, die S-Bahn, das Auto

10 1 Fahrkarten, 2 Minuten, 3 Stunden, 4 Namen, 5 Länder, 6 Wörter

11 eine – Minuten, eine – Stunden, eine – Städte, eine – Großstädte, eine – Kleinstädte, ein – Geschäfte, eine – S-Bahnen, ein – Autos

13 Stadt – Städte, Land – Länder, Wort – Wörter, Satz – Sätze, Pass – Pässe

14 in Bremen, schon ein Jahr dort, kennt

Çalışma Kitabı s. 33 / Metin Kitabı s. 24: Nachbarländer

Dänemark, Polen, Tschechien, Österreich, die Schweiz, Frankreich, Luxemburg, Belgien, die Niederlande

Test

1. 1. Teşekkürler. 2. Bu kaç para? 3. eve 4. az zaman 5. çok fazla 6. Afedersiniz?
2. 1. die Stadt, 2. eine Minute, 3. eine Stunde, 4. die Fahrkarte, 5. das Wort, 6. ein Land
3. 1. Arbeitest, 2. Hast, 3. arbeiten, 4. Fahrt, 5. fahren, 6. kostet
4. 1. die, 2. die, 3. die, 4. der, 5. die, 6. das
5. 1. Stadt, 2. Wörter, 3. Sätze, 4. Land, 5. Pass, 6. Pässe

Ders 6

1 a4, b5, c3, d1, e2, f7, g6
3 Berlin: wohnen, Rosenheim: wohnt, München: studiert
4 Wer, geboren, Jahre, Beruf, bei, Hobbys; Wer, aus, München, Student, Zeit, findet
5 Sie ist in Berlin geboren. – Sie ist 23 Jahre alt. – Sie ist Medien-Designerin von Beruf. – Sie arbeitet bei Art & Design. – Ihre Hobbys sind Reisen und Sprachen. – Robert kommt aus Rosenheim.
6 a2, b1, c5, d6, e3, f4
8 *Örnek:* Ich finde Claudia sympathisch.
9 1c, 2e, 3f, 4g, 5d, 6a, 7b
10 (ein)hundertfünfzig, fünfundzwanzig, dreiundsiebzig, fünfzehn, fünf, neunundneunzig
11 1. 089 – 46 37 49, 2. 040 – 77 88 90, 3. 030 – 307 26 50, 4. 069 – 32 56 80

Çalışma Kitabı s. 39 / Metin Kitabı s. 28: Ein Schloss in Bayern

1. Im Süden von München, 2. 150 Kilometer, 3. 8 Euro

Test

1. 1. Kleinstadt, 2. vielen Dank, 3. Telefonnummer, 4. nach Hause, 5. Hobby, 6. interessant
2. 1. Er studiert. 2. Sie studiert in Hamburg. 3. Er ist in Deutschland geboren. 4. Er ist drei Jahre alt. 5. Wo arbeiten Sie? 6. Was sind Sie von Beruf?
3. 1. arbeitest, 2. studiert, 3. fahre, 4. kommst, 5. hast
4. 1. Wo, 2. Was, 3. Wo, 4. Wie, 5. Wie lange, 6. Was
5. 1. ist nicht in Deutschland geboren, 2. arbeitet, 3. schon fünf Jahre da

Ders 7

1 Kaffee / Tee, Milch und Zucker, Milch / Zucker.
3 2, 4, 3, 1
4 1b, 2d, 3a, 4g, 5c, 6e, 7f
5 Leid, Mittag, gern, Kantine, Tee; DANKE
6 a. Ja, gerne. b. Tee, bitte. c. Ja, danke. d. Ja, bitte. e. Nur Milch, bitte. f. Ja, gerne.
7 a. Fahrkarte, b. Hobby, c. Sprache, d. Buchstabe, e. sympathisch, f. Informatik
8 liegt, gut, fünf Jahre, Herr, Chef, alt, Beruf
9 eine Kleinstadt, eine Handy-Nummer, ein Vorname, ein Land, eine Postleitzahl, ein Wort
10 ich: möchte, kann; du: nimmst, möchtest, kannst; er/sie: nimmt, kann; ihr: möchtet; sie/Sie: können
11 Möchten Sie, Kann ich, Kann ich, Möchten Sie, Kann ich, Möchten Sie, Können Sie, Können Sie

12 wo das Hotel, wann der Bus, wie der Herr, was die Fahrkarte, woher Herr Bünzli, wer Herr Heinrich

14 **kurz:** hat, dann, Stadt, schlecht, kommt, sind, Stunde; **lang:** haben, da, Jahr, Tee, schon, Sie, nur

15 Kim o, lütfen? ... – Wer ist dort bitte? ... / Bu Meier mi? ... – Ist dort Meier? ... / Bu Meier mi? ... Hoşçakal. – Ist dort Meier? ... Auf Wiederhören.

Çalışma Kitabı s. 45 / Metin Kitabı s. 32:
Kaffee trinken

In Deutschland, In Österreich, In der Schweiz

Test

1. 1. Tee, 2. Zitrone, 3. nichts, 4. Frau, 5. Beruf, 6. Süden

2. 1. Önemli değil. 2. … ebilir miyim, lütfen …? 3. … istiyorum 4. Tamam mı? 5. Özür dilerim. 6. Evet, elbette.

3. 1. Möchten Sie, 2. Ich möchte, 3. Ich nehme, 4. Wir arbeiten, 5. Wer geht, 6. Machen Sie, 7. Können wir, 8. kann

4. 1. eine, 2. ein, 3. eine, 4. eine, 5. eine, 6. ein, 7. eine, 8. ein

Ders 8

1 arbeiten, kochen, trinken, essen, sprechen, fahren

3 zu Hause, prima, Spaß, Pause, recht, Hunger, Überraschung, Salat

4 Hunger und Durst

5 a. zu Hause, b. früher gegangen, c. viel, d. recht, e. Hunger, f. Spaghetti und Salat

6 Er ist, Er ist, Er hat, Die Arbeit hat, Er hat, Wir haben, Wir haben

7 a. Klasse! *oder* Prima! b. Na klar. c. Na klar. d. Na ja. *oder* Bestens. e. Na ja. f. Ach was. *oder* Na klar. g. Schade. *oder* Macht nichts.

8 Hause, gegangen, arbeitet, recht, und, gemacht, fahren, fährt

9 **G** = Fahrt ihr in die Stadt? Was heißt das? Hast du Hunger? Du hast recht. Wohin fährt die Bahn?
V = Was hast du heute gemacht? Wo bist du geboren? Ich habe schon gegessen. Hast du gearbeitet? Ich bin früh nach Hause gegangen.

10 *lesen* – du liest, er/sie liest
essen – du isst, er/sie isst
haben – du hast, er/sie hat
geben – du gibst, er/sie gibt
fahren – du fährst, er/sie fährt
nehmen – du nimmst, er/sie nimmt
sprechen – du sprichst, er/sie spricht

11 Ich habe heute etwas gekocht. Da ist niemand. Nein, ich arbeite zu viel. Ich bin extra früher gegangen.

15 Hallo.
Wer ist dort bitte?
Hier Meyer.
Ist dort Meyer, Telefon 46 88 11?
Nein, hier Meyer, Telefon 46 77 11.
Oh, Entschuldigung.
Bitte sehr.

Çalışma Kitabı s. 51 / Metin Kitabı s. 36:
Sprichwörter

Kommt Zeit, kommt Rat. Der Apfel fällt nicht weit vom Stamm. Probieren geht über Studieren. Der Ton macht die Musik. Wer Sorgen hat, hat auch Likör.

Test

1. 1. recht, 2. dran, 3. Hunger, 4. Spaß, 5. nichts, 6. was
2. 1. Er ist extra früher gegangen. 2. Er arbeitet viel. 3. Sie hat recht. 4. Das ist eine Überraschung. 5. Wer hat gekocht? 6. Er hat Spaghetti gekocht.
3. 1. hast, 2. Ist, 3. Seid, 4. haben, 5. hat, 6. hast
4. 1. fährt, 2. isst, 3. nimmt, 4. gibt, 5. ist, 6. spricht

Ders 9

1

das Wohnzimmer	der Balkon
	die Küche
der Flur	
	die Toilette
das Schlafzimmer	das Bad

3 1. im Zentrum, 2. zwei Zimmer mit Bad, 3. Dachwohnung, 4. im Wohnzimmer, 5. 550 Euro warm, 6. im Norden
4 haben wir, Ich habe, haben wir, Ich habe
5 a2, b4, c1, d3, e6, f5
6 1. 12 (zwölf), 2. 5 (fünf), 3. 45 (fünfundvierzig), 4. 10 (zehn) Euro; 1.050 ((ein)tausend(und)fünfzig) Euro
7 baden, kochen, schlafen, wohnen, arbeiten, fahren
8 Ich finde die Wohnung super. Ich finde das Bad praktisch. Ich finde den Balkon schön. Ich finde den Kaffee gut. Ich finde das Hotel schlecht.
9 Das praktische Bad. Der nette Markus. Das schlechte Hotel. Die sympathische Daniela. Die richtige Lösung.
10 1b, 2a, 3d, 4c, 5e, 6f
11 1. eine Kantine, 2. ein Bad, 3. ein Wohnzimmer, 4. ein Balkon, 5. eine Küche, 6. ein Schlafzimmer

12 Die Kantine, Das Bad, Das Wohnzimmer, Der Balkon, Die Küche, Das Schlafzimmer
13 die Kantine, das Bad, das Wohnzimmer, den Balkon, die Küche, das Schlafzimmer
14 eine Wohnung, eine Anzeige, eine Lösung, einen Salat, ein Büro
17 5 Euro, 99 Euro, 550 Euro, 2.500 Euro, 450 Euro, 250 Euro

Çalışma Kitabı s. 57 / Metin Kitabı s. 40:
Rätsel

A = eins	K = elf	U = einundzwanzig
B = zwei	L = zwölf	V = zweiundzwanzig
C = drei	M = dreizehn	W = dreiundzwanzig
D = vier	N = vierzehn	X = vierundzwanzig
E = fünf	O = fünfzehn	Y = fünfundzwanzig
F = sechs	P = sechzehn	Z = sechsundzwanzig
G = sieben	Q = siebzehn	Ä = siebenundzwanzig
H = acht	R = achtzehn	Ö = achtundzwanzig
I = neun	S = neunzehn	Ü = neunundzwanzig
J = zehn	T = zwanzig	ß = dreißig

Cevap: **Viel Glück!**

Test

1. 1. daire 2. ilan 3. garaj 4. aylık 500 Euro ısıtmasız 5. hemen taşınılabilir 6. Daire hoş.
2. 1. ein, ein, 2. einen, eine, ein, 3. keine, 4. einen, 5. Das, 6. Die
3. 1. gefunden, 2. gesagt, 3. gespart, gewohnt, 4. gelesen, 5. gemietet
4. 2 Zimmer, 35 qm, 600 Euro kalt, 0911 - 62424

Ders 10

1 a2, b6, c5, d3, e1, f4
3 Frau Bruckner: a, c, d, f, Taxifahrer: b, e
4 Straße, Verkehr, Termin, Minuten, Wasser, Viertelstunde, Stau, Nummer, Euro, Quittung
5 a3, b4, c2, d1
8 **Singular:** 2. (Frage), 4.(Auto), 7. (Quittung), 8. (Anzeige)
Plural: 1. (Kinder), 3. (Städte), 5. (Uhren), 6. (Nummern)
9 das Hobby, die Adressen, das Kind, die Hotels, der Name, die Tage, die Autos, die Nummern, die Stunde, das Land, die Fragen
10 Es ist halb zwölf. Es ist Viertel nach vier. Es ist Viertel vor elf. Es ist ein Uhr. (= Es ist eins.) Es ist zehn nach neun. Es ist zwanzig vor zehn.
12 **lang:** viel, abends, Problem, Kanal; **kurz:** links, fast, schrecklich, morgens

Çalışma Kitabı s. 63 / Metin Kitabı s. 44:
Wie weit ist das von Frankfurt?

1 Oslo 1.099 km, 2 Stockholm 1.188 km, 3 Moskau 2.023 km, 4 Warschau 892 km, 5 Brüssel 316 km, 6 Bern 363 km, 7 Wien 598 km, 8 Lissabon 1.892 km, 9 Madrid 1.447 km, 10 Athen 1.803 km
Nach Moskau ist es weiter als nach Madrid. Nach Madrid ist es weiter als nach Oslo.
Nach Athen ist es weiter als nach Bern.

Test

1. 1. sind, 2. möchten, 3. Nach, 4. lange, 5. Stunde, 6. Quittung.
2. 1. Saat yanlış. 2. Saat hızlı. 3. Saat yavaş. 4. Yaklaşık 20 dakika. 5. Üçü çeyrek geçiyor. 6. Yediye çeyrek var.
3. 1. fünfzehn Uhr zehn, 2. sechzehn Uhr fünfundfünfzig, 3. achtzehn Uhr fünfzehn, 4. neunzehn Uhr fünfundvierzig, 5. neun Uhr siebenunddreißig, 6. elf Uhr fünfundfünfzig
4. 1. die Städte, 2. die Taxis, 3. die Quittungen, 4. die Termine, 5. die Büros, 6. die Anzeigen, 7. die Häuser, 8. die Nummern

Ders 11

1 *Örnekler:* Fahren Sie gern mit dem Zug? – Ja, sehr gern. Zug fahren ist sehr gemütlich. / Fliegen Sie gern? – Nein, nicht so gern. Fliegen ist teuer. / Fahren Sie gern mit dem Bus? Nein, nicht gern. Bus fahren dauert sehr lange.
3 11 Uhr, um 12 Uhr, um 12, heute Abend, sieben Uhr, halb acht, um halb acht, Morgen
4 1. Herr Heinrich, Frau Bruckner und Herr Kühne, 2. Herr Kühne, 3. Wir möchten Sie zum Essen einladen. 4. Um halb acht. 5. Sie fährt mit dem Zug. 6. Sechseinhalb Stunden.
5 Nein, ich habe ... keine Firma. / keinen Aufzug. / keinen Keller. / kein Archiv. / kein Sekretariat.
6 *nehmen:* den Vertrieb, *möchten:* einen Tag, *haben:* einen Bahnhof, *kennen:* die Stunde, *mieten:* eine Straße
8 Uhr, mit, wenig, Mittags, Essen, halb
9 den Bus – der, die Bahn – die, den Zug – der, das Flugzeug – das, das Auto – das
10 eine Kantine – die, einen Aufzug – der, eine Pause – die, ein Hotel – das, eine Dachwohnung – die
11 einen Termin, den Bus und die Bahn, einen Kaffee, den Hafen, den Reichstag, einen Ausflug
12 kein Tee, keine Pension – ein Hotel, keine Telefonnummer – ein Passwort, kein Vorname – ein Nachname, kein Land – ein Erdteil, keine Vorwahlnummer – eine Postleitzahl
13 kein Auto, fliege nicht, nicht gern, nicht mit dem Auto, keine Zeit, komme nicht, keine Frage

15 **1. Silbe (1. hece):** Straße, Quittung, Nummer, morgens, Reise, machen, Handy, Zimmer, Mittag, München, Norden, gestern, Frage, Vorschlag
2. Silbe (2. hece): Verkehr, Termin, Beruf, Geschäft, Besuch, Berlin
16 **1. Silbe (1. hece):** Stadtrundfahrt, Anzeige, Telefon, arbeiten, Fahrkarte
2. Silbe (2. hece): Adresse, sympathisch, Kantine, Geburtsort, Grammatik
3. Silbe (3. hece): –
17 **1. Silbe (1. hece):** –
2. Silbe (2. hece): besichtigen, Entschuldigung
3. Silbe (3. hece): buchstabieren, Informatik;
4. Silbe (4. hece): interessant, Information, geradeaus

Çalışma Kitabı s. 69 / Metin Kitabı s. 48:
Buchstaben-Labyrinth

Wann haben Sie Zeit? Ich moechte (= möchte) Sie zum Essen einladen.

Test

1. 1. davet 2. trenle 3. Bu eğlenceli. 4. birini yemeğe davet etmek 5. bu akşam 6. öneri
2. 1. haben, 2. einladen, 3. nehmen, 4. fahren, 5. gehen, 6. haben/machen
3. 1. ein – kein, 2. einen – keinen, 3. eine – keine, 4. einen – keinen, 5. eine – keine, 6. einen – keinen
4. 1. den Hafen, 2. den Bus, 3. den Stau, 4. den Zug, 5. den Aufzug, 6. die Kantine, 7. den Raum, 8. die Arbeit

Ders 12

1 2 der Empfang, 7 die IT-Abteilung, 1 die Buchhaltung, 8 die Redaktion, 5 das Lager, 3 das Informationszentrum, 4 die Kantine, 6 der Konferenzraum
İngilizce'den gelen kelimeler: Controlling, IT, Produktion, Marketing
3 A (Informationszentrum), E (Empfang und Redaktionen), D (Buchhaltung), F (IT-Abteilung), B (Controlling), C (Kantine)
5 Wir haben, Dann haben wir, Wir sind, Dann habe ich, Das Lager habe ich, Um 12 sind
6 1f, 2c, 3e, 4a, 5b, 6d
8 4 Montag, 5 Dienstag, 6 Mittwoch, 7 Donnerstag, 8 Freitag, 9 Samstag / Sonnabend, 10 Sonntag
9 Wir arbeiten bis elf Uhr. Dann machen wir eine Pause. Um 11 Uhr 15 machen wir eine Firmenbesichtigung. Die Firmenbesichtigung dauert bis 12. Um 12 gehen wir in die Kantine. Wir essen bis eins. Dann arbeiten wir bis 3. Um 3 machen wir eine Stadtrundfahrt. Um 7 sind wir zurück im Hotel.

10 Jetzt machen wir eine Firmenbesichtigung. Um 12 Uhr komme ich in die Kantine. Heute Abend habe ich Zeit. Morgen fahre ich zurück nach München. Vielleicht nehme ich den Zug. Dann rufe ich an.

13 **1. Silbe (1. hece):** Erdgeschoss, Firmenbesichtigung
2. Silbe (2. hece): Empfang
3. Silbe (3. hece): Redaktion, gegenüber, Konferenzräume
4. Silbe (4. hece): geradeaus, Informationszentrum

Çalışma Kitabı s. 75 / Metin Kitabı s. 52: Kleine Tipps

Richtig: 1. Man schüttelt sich die Hand bei Geburtstagen und Festen. Geschäftspartner schütteln sich die Hand.
2. *Mahlzeit* sagt man nur mittags bei der Arbeit. Der Gruß ist hässlich, sagen viele.
3. Pünktlichkeit ist in Deutschland wichtig. Man sagt: *Tut mir Leid, dass ich zu spät komme. / Ich komme leider ein paar Minuten zu spät.*

Test

1. 1. Konferenzraum, 2. Kantine, 3. Einladung, 4. Lager, 5. Informationszentrum, 6. Redaktion
2. 1. Hier ist kein Platz. 2. Ich glaube nicht. 3. Da geradeaus. 4. Das macht Spaß. 5. Ich verstehe.
3. 1. Heute besichtigen wir den Hafen. 2. Um eins nehmen wir den Bus. 3. Morgen haben wir Raum 3. 4. Bis 18 Uhr ist das Casino geöffnet. 5. Am Vormittag besichtigen wir die Firma. 6. Mittwoch fahre ich wieder zurück.
4. mögen, du magst, er/sie mag; geben, du gibst, er/sie gibt; fahren, du fährst, er/sie fährt; nehmen, du nimmst, er/sie nimmt; schlafen, du schläfst, er/sie schläft
5. 1. Berlin, 2. Circa 30 Euro, 3. Zentrum, 4. S-Bahn, 5. Ja

Ders 13

3. Brot oder ein Brötchen, Müsli, nur Brot und Butter, einen Löffel, noch einen Teller, mein Messer und meine Gabel, ein Ei, Eier esse ich nicht
4. geschlafen, spät, weg, gleich, Brot, Magst
5. Möchtest, möchtest, mag, mag, mag, möchte
6. mein Bruder, deine Schwester, Meine Schwester, deine Geschwister, deine Eltern, Meine Eltern
8. früh, Frühstück, Mittag, Eltern, Geschwister
9. Test, Ei, Dachwohnung, Eltern, Wort, Sprache
10. kein Auto, keine Uhr, keine Geschwister, keine Zeit, keine Semesterferien, keinen Hunger
11. deine Fahrkarte, dein Handy, dein Kaffee, dein Frühstück, mein Bruder – meinen Bruder, meine Schwester – meine Schwester

12. nicht dein Frühstück – mein Frühstück, nicht deine Schwester – meine Schwester, nicht deine Fahrkarte – meine Fahrkarte, nicht dein Auto – mein Auto, nicht deine Uhr – meine Uhr, nicht dein/mein Problem – mein/dein Problem
13. Niki heißt Bat mit Familiennamen. Er wohnt und arbeitet in Berlin und ist auch hier geboren. Deshalb ist nur der Familienname Chinesisch, nicht der Vorname. Er spricht auch kein Chinesisch. Aber er möchte die Sprache gern lernen. Die Eltern sind 1960 nach Deutschland gekommen. Jetzt haben sie ein chinesisches Restaurant. Das ist das Restaurant in der Hafenstraße. Das Essen dort ist sehr gut, sagt man.

Çalışma Kitabı s. 81 / Metin Kitabı s. 56:
Wörtersalat

Länder und Kontinente: Australien, Spanien, Korea, Polen, Italien, Japan, Europa, Asien, Deutschland
Familie: Tante, Onkel, Sohn, Mädchen, Junge, verheiratet, Großeltern, Eltern, Vater, Mutter, Tochter, Opa, Oma
Jahr, Jahreszeit, Woche und Tag: Frühling, Freitag, Sonnabend, Donnerstag, Sommer, Sonntag, Montag, Wochenende, Mittwoch, Dienstag
Essen und Trinken: Restaurant, Tasse, Milch, Tee, Käse, Kaffee, Marmelade
Berufe: Regisseur, Hausfrau, Hausmann, Maurer, Maler, Arzt
Wohnung: Aufzug, Bad, Wohnzimmer, Balkon, Zimmer, Flur
Stadt: Schule, Tourist, Taxifahrer, Zentrum, Zug, Bahnhof, Auto, Bahn, Flughafen, Hafen, Haltestelle

Test

1. 1. Christian gitti. 2. Söyle … aç mısın? 3. Jan hâlâ okula gidiyor. 4. Ne düşünüyorsun? 5. Bu arada … 6. Gerçekten mi?
2. 1. Vater, 2. Schwester, 3. Opa, 4. Sohn, 5. Tante, 6. Schwiegermutter, 7. Frau
3. 1. dein, 2. dein, 3. dein, 4. dein, 5. deine, 6. deine
4. 1. Möchtest, 2. mag, 3. mag, 4. Möchtest, 5. Magst, 6. mag

Ders 14

1

Monika Freud (Oma)		Helmut Freud (Opa)
Thomas Bergmann (Vater)		Beatrice Bergmann (Mutter)
Ralf Bergmann (Bruder)	Katrin Bergmann (Schwester)	Claudia Bergmann

3 3, 2, 1, 4

4 Wir waren, Das war, Wir hatten, Niki und Claudia waren, Wie war, Hattet ihr

5 1. Katrin ist die Schwester von Claudia. Sie ist Regisseurin. 2. Robert findet eine Regisseurin interessant. 3. Robert spricht gut Englisch, aber nicht perfekt. 4. Robert, Claudia und Niki waren in England. Sie waren in einer Sprachenschule. Sie haben Englisch gelernt. 5. Claudias Mutter hat gekocht.

6 a1, b3, c2, d4, e5

8 Spargel mit Butter und Kartoffeln

9 waren, waren, hatte, war, waren, hatte, war

10 es, ihn, sie, sie, ihn, sie

11 Lieblingsstadt, Lieblingsbruder, Lieblingsschwester, Lieblingsfilm, Lieblingshotel, Lieblingsregisseur, Lieblingszimmer

12 Tschechien - Tschechisch, Polen - Polnisch, Russland - Russisch, Türkei - Türkisch, Japan - Japanisch, Spanien - Spanisch, Italien - Italienisch, China - Chinesisch, Korea - Koreanisch, Österreich - Österreichisch, Schweiz - Schweizerisch, Mexiko - Mexikanisch, Ungarn - Ungarisch, Griechenland - Griechisch

Çalışma Kitabı s. 87 / Metin Kitabı s. 60:
Das mögen wir!

a4, b3, c5, d1, e2, f6

Test

1. 1. Französisch, 2. Polnisch, 3. Österreichisch, 4. Türkisch, 5. Australisch, 6. Chinesisch, 7. Slowenisch, 8. Italienisch

2. 1. hatte, 2. hatte, 3. waren, 4. hatte, 5. war, 6. waren

3. 1. es, 2. sie, 3. es, 4. sie, 5. sie, 6. sie

Ders 15

1 Robert – Student, Claudia – Medien-Designerin, Claudias Mutter – Malerin, Claudias Vater – Controller, Claudias Schwester – Regisseurin, Claudias Bruder – Schüler

3 1. Er war bei Claudias Eltern. 2. Er ist Ingenieur. 3. Sie ist Malerin. 4. Er geht noch zur Schule. 5. Sie heißt Katrin. 6. Er findet sie interessant.

4 Das ist Claudias Bruder. Das ist Claudias Schwester. Das ist Claudias Mutter. Das ist Claudias Großvater. Das ist Claudias Vater. Das ist Claudias Freund.

5 waren, sind, ist Ingenieur, ist Malerin, ist bald fertig, war auch da, ist Regisseurin

8 *Örnek:*
Liebe Eltern,
herzliche Grüße aus Rom. Ich bin noch im Hotel, aber ich habe bald eine Wohnung. Sie ist sehr klein, aber das reicht.
Liebe Grüße
Martin

9 Ralfs Mutter, Maxis Eltern, Maries Bruder, Frau Lehmanns Tochter, Herrn Müllers Sohn, Birgits Auto

10 c, d, e, a, b, g, f

11 Regisseur – Regisseurin, Maler – Malerin, Student – Studentin, Übersetzer – Übersetzerin, Ingenieur – Ingenieurin, Frisör – Frisörin, Medien-Designer – Medien-Designerin, Schornsteinfeger – Schornsteinfegerin, Hausmann – Hausfrau, Handwerker – Handwerkerin, Kellner – Kellnerin, Notarzt – Notärztin, Informatiker – Informatikerin, Techniker – Technikerin, Lehrer – Lehrerin, Schüler – Schülerin, Arzt – Ärztin, Taxifahrer – Taxifahrerin, Verkäufer – Verkäuferin, Koch – Köchin, Rechtsanwalt – Rechtsanwältin, Kfz-Mechaniker – Kfz-Mechanikerin, Redakteur – Redakteurin, Busfahrer – Busfahrerin

Çalışma Kitabı s. 93 / Metin Kitabı s. 64:
Berufe

Taxifahrer – Taxifahrerin, Lehrer – Lehrerin, Frisör – Frisörin, Verkäufer – Verkäuferin, Student – Studentin, Politiker – Politikerin, Maurer – ./., Schornsteinfeger – Schornsteinfegerin, Arzt – Ärztin, Hausfrau – Hausmann, Geschäftsmann – Geschäftsfrau

Test

1. 1. Franz ist Übersetzer. 2. Ulrike ist Ärztin. 3. Tommy ist Taxifahrer. 4. Steffi ist Schülerin. 5. Frau Sommer ist Malerin. 6. Herr Gruber ist Verkäufer.

2. 1. die Politikerin, 2. der Geschäftsmann, 3. die Ärztin, 4. der Verkäufer, 5. die Studentin, 6. die Ingenieurin

3. 1. Stefans Vater, 2. Filips Schwester, 3. Frau Meiers Tochter, 4. Annas Tante, 5. Ulrikes Freundin, 6. Katharinas Familie

4. 1. die Studentinnen, 2. die Ärztinnen, 3. die Freundinnen, 4. die Pilotinnen, 5. die Übersetzerinnen, 6. die Politikerinnen

5. 1. sind im Hotel, 2. Abend, 3. um halb acht, 4. eine halbe Stunde, 5. um neun Uhr